[MIRROR]
理想国译丛

imaginist

001

想象另一种可能

理
想
国

imaginist

# 理想国译丛序

“如果没有翻译”，批评家乔治·斯坦纳（George Steiner）曾写道，“我们无异于住在彼此沉默、言语不通的省份。”而作家安东尼·伯吉斯（Anthony Burgess）回应说，“翻译不仅仅是言词之事，它让整个文化变得可以理解。”

这两句话或许比任何复杂的阐述都更清晰地定义了理想国译丛的初衷。

自从严复与林琴南缔造中国近代翻译传统以来，译介就被两种趋势支配。

它是开放的，中国必须向外部学习，它又有某种封闭性，被一种强烈的功利主义所影响。严复期望赫伯特·斯宾塞、孟德斯鸠的思想能帮助中国获得富强之道，林琴南则希望茶花女的故事能改变国人的情感世界。他人的思想与故事，必须以我们期待的视角来呈现。

在很大程度上，这套译丛仍延续着这个传统。此刻的中国与一个世纪前不同，但她仍面临诸多崭新的挑战，我们迫切需要他人的经验来帮助我们应对难题，保持思想的开放性是面对复杂与高速变化的时代的唯一方案。但更重要的是，我们希望保持一种非功利的兴趣：对世界的丰富性、复杂性本身充满兴趣，真诚地渴望理解他人的经验。

本译丛获理想国文化发展基金会赞助支持

[南非] 德斯蒙德·图图 著　江红 译　阎克文 校

# 没有宽恕就没有未来

DESMOND TUTU

NO FUTURE WITHOUT FORGIVENESS

广西师范大学出版社
·桂林·

**图书在版编目(CIP)数据**

没有宽恕就没有未来 / (南非) 德斯蒙德 · 图图著；江红译，阎克文校.
—桂林：广西师范大学出版社，2014.9（2023.6 重印）
（理想国译丛）

ISBN 978-7-5495-5499-7

Ⅰ. ①没… Ⅱ. ①图… ②江… Ⅲ. ①政论－南非（阿扎尼亚）－现代
Ⅳ. ①D747.809

中国版本图书馆CIP数据核字(2014)第117397号

本书中部分图片由CFP提供

广西师范大学出版社出版发行
广西桂林市五里店路9号　邮政编码：541004
网址：www.bbtpress.com

出 版 人：黄轩庄
全国新华书店经销
发行热线：010-64284815
山东临沂新华印刷物流集团有限责任公司
临沂高新技术产业开发区新华路　邮政编码：276017

开本：965mm × 635mm　1/16
印张：16.5　插页：8　字数：165千字　图片：14幅
2014年9月第1版　2023年6月第13次印刷
定价：69.00元（精装）

如发现印装质量问题，影响阅读，请与出版社发行部门联系调换。

导 读

# 修复未来

熊培云

每个国家在其转型过程中都会有些灵魂式的人物。南非何其幸运！1991年，白人作家纳丁·戈迪默女士因为反种族隔离作品《七月的人民》获诺贝尔文学奖。1993年，黑白双星曼德拉和他的政治对手德克勒克作为促进族群和解的典范，一起走上诺贝尔和平奖领奖台。而在此前近十年的1984年，本书作者图图因为反对种族隔离而成为南非首位诺贝尔和平奖获得者，并于次年成为南非开普教首位黑人大主教。

几年前我在台湾旅行，在书店里偶然读到图图大主教的《没有宽恕就没有未来》(*No Future Without Forgiveness*)，一时感慨万千。我一直以为，中国最缺的不是公民教育，而是人的教育——它包括生命意义、自我价值、自尊、爱与同情、信仰，它主要涉及的是自己与自己的关系，即你要把自己带到哪里去。当然它也包括我们如何在宽恕他人的基础上保全自己。人的教育面对的不是几个简单的群己权界的概念，但它们是所有权利观念的起点。好社会同样不会从天而降，它需要有针对人与制度的双重建设。而我有幸在图图大主教的书里看到了这种双重努力。

《没有宽恕就没有未来》着重探讨了“真相与和解委员会”（Truth and Reconciliation Commission）的历史使命。这同时是一本悲欣交集的书，很多细节在我读后一直难以释怀。

书中讲到一个悲哀至极的故事，并由此质问——为什么那个开普敦年轻人被处死并就地焚烧后，杀害他的四个人竟然能够一边翻动火堆里的尸体，一边坐在旁边心安理得地吃烧烤？他们如何回到家里拥抱自己的妻子，参加孩子的生日聚会？

至于喜极而泣的故事，尤其值得一提的是图图大主教第一次去古古乐图参与投票时的情景：

> 期盼已久的时刻终于到来了，我折好手中的选票，投进了票箱。啊！我忍不住叫了出来：“好啊！”我感到晕眩，如同堕入情网的一刹那，天空变得更蓝更美了。我看到人人都焕然一新，如同脱胎换骨一般。我自己也脱胎换骨了。简直像梦境一样。我们真担心会被从梦境中唤醒，睁开眼时又回到了种族隔离的严酷现实中……
>
> 这是一种令人欢笑又禁不住流泪的感觉，它让我们欢欣雀跃，手舞足蹈，又让我们不敢相信这一切真的发生了，害怕这一切会烟消云散。这可能正是第二次世界大战盟军彻底打败纳粹和日本人后胜利者在欧洲胜利日和抗日胜利日的感受，

> 人们从村庄、乡镇、城市冲上街头，和互不相识的陌生人拥抱、亲吻。这就是我们的感受。（第 3—5 页）

南非民主化与种族隔离政策的废除让被压迫的黑人实现了政治上的“南非梦”。然而，对于这个国家来说接下来最紧要的是文化和心理上的重建，即如何促成族群之间、受害者与加害者之间的宽恕与和解，让南非从种族隔离的伤害中复原而不是冤冤相报。图图大主教深刻地认识到潜在的危险，他担心新生的南非因为受害者对加害者的清算重新倒在废墟里。如果仇恨和清算注定只能将新南非变成一座新的废墟，那么宽恕与和解就不仅不是软弱，而且是另有广阔前途。

图图大主教的这种忧虑及其远见，与曼德拉不谋而合。曼德拉后来在他的自传《漫漫自由路》中，也特别回忆到自己走出监狱并当选南非首位黑人总统后的心路历程——南非绝不能撕裂，重演一群人对另一群人的战争。你若真心热爱自由，就必须在拯救受害者的同时，也拯救加害者。因为在一种罪恶的制度下，加害者是另一种意义上的囚徒。

“人们只记得恨是爱的邻居，却忘记了爱也是恨的邻居”——后德克勒克时代的南非精英打破了这古老的诅咒，他们弃绝了冤冤相报，而是选择了宽恕与和解。在这个已然千疮百孔的国家，他们试图以修复未来的明辨是非取代你死我活的黑白分明。经过漫长的讨论，南非最终没有选择纽伦堡审判的模式，也没有选择全民遗忘，而是走了第三条道路。依据 1995 年《促进民族团结与和解法案》，南非成立了真相与和解委员会。

“以真相换自由”让南非因此“避免了纽伦堡审判和一揽子大赦（或全民遗忘）的两个极端”。从 1996 年开始，在图图大主教的主持下，真相与和解委员会通过当事各方提供证言，就 1960—1994 年期间南非人权状况还原历史真相，既揭露了种族主义政权虐待黑人的罪恶，也不回避非国大等黑人解放组织的暴力活动曾经迫害反对派、侵犯人权的问题。每个参与迫害行动的人都必须单独提出申请，并接受一个独立小组的审查，由它决定申请人是否符合获得赦免的苛刻条件。这第三条道路就是赦免具体个人的罪责，以换取对与赦免相关的罪行的完全披露。用图图的话说，这也是一个“胡萝卜加大棒”的政策。以可能获得自由之胡萝卜换取真相，而大棒则是已捉拿归案的将面临长期监禁，仍逍遥法外的则面临着被捕、起诉和牢狱。（第 34 页）

种种质疑也随之而来。一个恶人仅仅因为坦白了自己的罪行就可以溜之大吉？真相与和解委员会的成立是否道德？大赦是否有违正义？这些也都是作者在《没有宽恕就没有未来》一书中着重探讨的问题。尤其值得注意的是，图图在书中特别对比了两种司法的区别：

在惩罚性司法（Punitive justice）中，毫无人情味的国家在施行惩罚时几乎不为受害者着想，更不要说为罪犯着想。与此相比，在非洲的传统法学中还有一种恢复性司法（Restorative justice）。后者关注的重点不在报复或惩罚，而是本着乌班图精神（Ubuntu），努力疗治创伤、恢复平衡、复原破裂的关系。这种司法力图救助的不仅有受害者，也有罪犯，他们应该得到机会重新融入因其行为而被伤害的社会中。

在图图看来，乌班图精神是非洲传统文化的精髓。一个有乌班图精神的人，必定慷慨、好客、友善、关怀他人且常有怜悯之心。在乌班图精神的感召下，人们相信即使种族隔离的支持者，也是其实施和狂热支持的制度的受害者；相信无论加害者愿意与否，他在实施加害时也必然失去了人性。

而真相同样是重要的。宽恕并非不问是非。促成南非族群和解的另一位关键性人物是大法官萨克斯。有关他“温柔的复仇”的故事，可以较好地说明这一切。

萨克斯是犹太裔南非白人，他曾经因为反对南非的种族隔离政策，而付出巨大的代价。1988 年 4 月 7 日，早在他流亡国外的时候，被南非政府派出的恐怖人员设置的汽车炸弹夺去了一条胳膊和一只眼睛。尽管如此，在就任南非大法官后，他仍是宽恕与和解工作的重要推动者。条件是，作恶者必须说出真相。

当年意图谋害他的特务亨利在取消种族隔离政策后，曾经失魂落魄地找到萨克斯。两人虽谈了许多，但萨克斯对亨利说：“除非你到真相委员会说出一切，否则我不会与你握手。”事隔多日，两人在一次宴会上偶遇。当亨利表示自己已经前往真相委员会坦白一切，并希望能有机会与萨克斯握手时，萨克斯便立即答应了他。

这是一个暗含隐喻的姿势——萨克斯没有用幸存的胳膊为失去的胳膊复仇，而是用它握住敌人的手。据说，亨利离开宴会回家后痛哭了两个星期。这个细节不得不让我们重新回到图图对人性与道德的理解——这个世界是有道德存在的，尽管所有证据显示出的，可能是个相反的世界，但邪恶、不公、压迫和谎言，绝不会是世界最后的归宿。

萨克斯同样注重修复的价值。在《断臂上的花朵》一书中记录了阿扎尼亚人民组织案，回答真相与和解委员会是否违宪的问题。南非宪法法院否决了阿扎尼亚人民组织的质疑，相关结语明确指出应对那些作恶者提供全面性特赦，以换取他们提供有关过去的真相。另一方面，制宪者的选择是为了让国会能够促进“社会的重建”，其过程中有个重要的概念叫做“修复”。为了达到修复的目的，国家在思考各个冲突的利益的同时，也会考虑那些在过去非常时期中，基本人权受到侵害的受害者与家属的“被忽视的痛”。

事实上，宽恕加害者也并不意味着对受害者的完全忽视。图图认为宽恕在要求受害者放弃向罪犯讨还血债的同时，也有可能解放受害者。所以，“真正的宽恕要了结过去，了结全部的过去，使未来成为可能。我们不能以无法再代表自己说话的人们的名义，冤冤相报”。如果一个人死抱着仇恨不放，他的一生就成了仇恨的奴隶。这种精神上的持久的加害，有时并不亚于他曾经受到的伤害。就像我在解读影片《天堂五分钟》时所揭示的，复仇者未必能获得大仇得报时的“五分钟天堂”的快感，却严严实实地将自己的一生推进了挤满仇恨的地狱。在此意义上，没有宽恕何止是没有未来，连现在也不会有。

同样需要看到的是，南非的真相与和解委员会着力推进的是全社会政治和解，是对一个错误和悲伤的时代的纠错，而不是对日常刑事案件的是非不分。它要求申请大赦者的行为在特定期间内（请求予以大赦的行为，必须发生在1960年沙佩维尔大屠杀和1994年曼德拉当选为南非第一任民主选举的国家首脑之间），并且必须具有政治动机。大赦条款是为特定目的进行的临时性安排。南非的司法不会永远照此办理。它只适用于有限时期的特定目的。那些出于个人贪婪而杀人的罪犯没有资格申请大赦。如果行为是执行或代表一个政治组织的命令，则罪犯有资格提出申请。条件是必须如实披露所有与寻求大赦行为相关的事实，并遵守适配原则。这不是说要宽恕一切罪恶，而是对坏制度下人的一种宽恕与救济。

南非的这场“真相与和解”运动，有时候难免会让人觉得它过于浪漫和天真，仿佛一个新的时代到来了，所有旧的罪恶也自动清零、一笔勾销了。受害者出于感情因素对此不能理解，情有可原。另一方面，从理性的角度来看，这种“由清算转为清零”的模式也让那些处于转型期国家的人们心怀忧惧——不是说“不是不报，时候未到”吗？这个可被宽恕的前景会不会鼓励那些带有政治目的的人，借着这种“政治宽恕”进一步胡作非为？

对此忧虑，当然人们也可以从另一个角度加以反驳：假如加害者与被害者没有和解的可能，假如德克勒克放下权力的那一刻即意味着要将自己和同僚送进地狱，他们将如何计算自己的利害，这个国家的历史又将在冤冤相报中倒退与徘徊多少年？

我必须承认，有时候我也会从上述角度来理解“没有宽恕就没有未来”。如果承认制度与文化相关，而后者在很大程度上取决于人的观念，就应该看到没有宽容的观念，绝不会产生可以安放人心的宽容的社会制度。即使这个国家完成政治上的转型，如果没有宽恕与和解来医治社会长年累月的创伤，即使自由已经得到，也将消失在新的漫长的冤冤相报之中。

本套译丛关注转型正义，集中译介了图图大主教的《没有宽恕就没有未来》、萨克斯的《断臂上的花朵》以及曼德拉的《漫漫自由路》，且当是转型期南非的“和解三部曲”。其他相关内容，我还会在另两本书的序言中加以补充。倘若读者能够静心阅读并体会个中精义，并让它们长存于心，这也算是译介者为这个国家播撒一些面向未来的种子，提供一个可供选择的宽阔前景。

2014 年 8 月 6 日，于东京大学访学期间

中文版自序

# 过去的从来就没有过去

上世纪 80 年代末我访问伟大的中国时，就被中国人民的勤劳刻苦深深地打动了。譬如为了工作，工人们到晚上还在探照灯下忙碌于建设工地上。更使我感动的是中国人民的慷慨大方，这从我和妻子得到惠赠的礼物上就可以感受得到。但我在其他方面也体会到了这种大度。我了解到日本人曾经在南京犯下的残暴罪行，然而向我描述那些恐怖事件的人却并未倾泻怨毒和仇恨。那些身受其害的当事人再次让我惊讶万分，他们在叙述往事的时候并未沉溺于怨恨或报复的情绪，尽管他们曾无端遭受过无法言传的伤害。我要向他们的宽容大度表达我的敬意。

但我却不能肯定，在最终的意义上这就是迈向未来的最好途径。我对把过去扫入角落视而不见的做法是否合适表示怀疑。过去的从来就没有过去。它们有种怪异的力量，能够重现并长久萦绕在我们心头。我们在南非就有这种感受。英国人和布尔人曾试图欺骗自己，在上上个世纪之交的布尔战争中仿佛什么也没有发生，而当时英国人把很多布尔人妇女和儿童都送进了他们发明的集中营。双方后裔表面上友善相处，然而不断发生的事端却表明，这种友好只是一种假象。一位年轻的布尔人小伙子告诉我，无论何时听他祖母讲述那场战争，他都义愤填膺，随时准备再打一次布尔战争。他们需要有一天通过恰当的途径最终与这段历史告别。

我们在自己国土上的经历令人宽慰。人们表现出真正高尚的宽宏大度。他们宽恕罪恶、放弃复仇的意愿实在令人敬佩。他们把自己从受害者的状态下解放出来，不再心怀怨言、死抱住创伤不放，从而开创出崭新的人际关系。他们给予罪行的制造者以机会，从内心的愧疚、愤怒和耻辱中解脱出来。这样便形成了双赢的局面。以牙还牙、以眼还眼的做法，就像中东所发生的冲突，是如此的具有破坏性。这样做，和平与安全不可能真正到来。复仇和暴力只能生发出更多的复仇和暴力。

我理解人们出于保护面子的需要，对道歉可能感到为难。但是，夫妇之间发生争吵时会出现什么情形呢？难道他们不会和好吗？难道道歉的一方会有失面子吗？如果他们不这样做，他们的关系就不妙了。愿意道歉和宽恕的人是坚强而非软弱的人。纳尔逊·曼德拉是软弱或无足轻重的人吗？

一个国家如果能够妥善处理往昔的痛苦，就会成为一个更加伟大的国家。没有宽恕，真的就没有未来。

（鲁刚 译）

献给

南非的妇女和“小人物”们

# 目 录

# 第一章　转折点

忘记过去的人，注定会重蹈覆辙。

——乔治·桑塔亚纳

1994年4月27日——这是我们苦苦等待了多年的日子。为了这一天，我们进行了不懈的反种族隔离斗争；为了这一天，我们有那么多人遭受催泪瓦斯的毒害、遭受警犬的撕咬、遭受警棍与皮鞭的毒打；为了这一天，有那么多人被酷刑折磨、被隔离监禁、被处以死刑或被迫流亡。这一天终于降临了，我们终于可以投票，可以在生我养我的土地上参加第一次民主选举。等到有权投票的日子，我已经62岁，纳尔逊·曼德拉则已近76岁高龄。

充满兴奋、期待、焦虑乃至恐惧的气氛令人心惊魄动。是的，人们害怕那些发誓要破坏这最重要一天的右翼分子的邪恶阴谋可能得逞。东西南北到处都有炸弹爆炸事件。约翰内斯堡国际机场竟发生了数起爆炸。什么都可能发生。

我和往常一样，清晨起身，静思和散步，进行晨祷，然后到主教廷的大主教礼拜堂领圣餐。我们热爱我们的国土，可是它已浸染了那么多儿女的鲜血，它是如此悲惨的一块国土，我们企盼着在它历史上这非同寻常的一天，局面能够尽可能保持正常。在南非历史上这一具有划时代意义的事件前夜，暴力变成了一种瘟疫。直到那著名的最后时刻之前，M. 布特莱齐的因卡塔自由党（IFP）仍在扮演主角，威胁着不参加选举。我们全都下定了决心，准备面对最残忍的血腥屠杀，特别是在因卡塔自由党的堡垒夸祖鲁—纳塔尔省。因卡塔和纳尔逊 · 曼德拉领导的非洲人国民大会（非国大）在该省的对抗演变成了骇人听闻的杀戮，政治上的极度不宽容令人震惊，已有无数人为此丧生。局势之严重，无以复加。我们几乎要透不过气来了，不知道这次又会有多少人死于非命。

万幸的是，在某个神秘的肯尼亚人的斡旋之下，布特莱齐终于同意放弃抵制，避免了一场令人不寒而栗的血腥杀戮。全国上下长长地松了一口气。于是，我们终于就要开始采取一项政治和公民行动了，这在那些正常的国家里不过是一次例行公事，他们通常担心的是选民的冷漠，而不是投票点的暴力和混乱。

我们既兴奋又紧张。我的内心深处怀着死结一般的忧虑。那天早上我们真诚地祈祷上帝保佑我们的国土，挫败被黑暗蒙蔽的子民的阴谋。在过去种族隔离猖獗的黑暗日子里，我曾经布道说："这是上帝的世界，上帝是主宰。"有时当邪恶似乎就要压倒善良时，我只能紧紧抓住这一条教义，好像在黑暗中为自己壮胆，又常常忍不住想在上帝的耳边悄悄说："我的老天，你就不能**让你**的主宰更明显一点吗？"

早餐后，我们驱车出了开普敦大主教"官"邸——主教廷（1990 年 2 月 11 日纳尔逊 · 曼德拉在此度过了他获释后的第一个自由之夜），离开了周围绿树成荫的富人郊外居住区。我已决定要到贫民城镇去投票。这样做有着很强的象征意义：我要表明，我是和那些长期被剥夺了选举权、日复一日生活在贫困和肮脏的种族隔离贫民窟中的人民站在一起的。毕竟，我本来就是他们的一分子。1986年我就任大主教时，根据种族分隔居住区的“社团区域法”仍在执行。即使作为诺贝尔奖获得者，当时又担任了南部非洲圣公会的大主教和都主教，我也不能和家人住进主教廷，除非首先得到特许证，使我免于社团区域法的管辖。但是，在我当选大主教后，我已宣布我不申请这样的特许证。我说我是大主教，应当住进大主教的官邸，种族隔离政府认为怎么合适就怎么办吧！我并未因违反了这一可憎的法令而遭到起诉。

我去投票的地方叫古古乐图，是一个典型的黑人小镇，火柴盒式的房子一排接着一排，单调乏味。那里已经排起了等待的长队，人们兴高采烈，但也得有极大的耐心和相当的幽默，才能忍受得了漫长的等待。我的第一次民主投票是新闻热点，很多海外的朋友也亲临现场，作为观察员监督选举是否公正和自由。但他们所做的还远不止于此。他们就像接生婆，帮助着一个稚嫩的新生命——一个自由、民主、非种族主义、无性别歧视的新南非的诞生。

期盼已久的时刻终于到来了，我折好手中的选票，投进了票箱。啊！我忍不住叫了出来：“好啊！”我感到晕眩，如同堕入情网的一刹那，天空变得更蓝更美了。我看到人人都焕然一新，如同脱胎换骨一般。我自己也脱胎换骨了。简直像梦境一样。我们真担心会被从梦境中唤醒，睁开眼时又回到了种族隔离的严酷现实中。有人陶醉于这种梦境般的幸福之中，他告诉妻子：“亲爱的，不要叫醒我。我喜欢这梦。”

投票后我走了出来，人们欢呼雀跃，载歌载舞，像是欢度节日。这是一个极好的证明，说明那些生来就备受压迫的人，那些在种族隔离制度下变成了无名氏的人——变得无名无姓、无声无息、身在自己的祖国却被忽略不计、每时每刻都在遭受欺侮的普通民众——是无辜的。他们都是按照上帝的形象被塑造出来的，但是他们的尊严却被种族隔离制的奴才们、被声称反对种族隔离却不惮享受种族隔离为其带来的巨大特权和好处的人粗暴践踏，原因仅仅是他们偶然的出身，一个毫不相干的生理因素，即他们的肤色。

我决定驱车在周围转转。所见所闻令我惊叹不已。人们成群结队走上街头，排成长长的队。这些长队如今已是举世闻名，但在当时却又是那么脆弱。警察和保安部队可能非常紧张，但他们并不惹人瞩目。只消几个疯狂的极端分子、几支 AK-47 冲锋枪就足以造成巨大的混乱，但没有出现这种情况。几乎各处都遇到了这样那样的磕磕绊绊，不是选票不够了，就是缺了印台，还有些官员在规定的投票时间几小时后方才到场。人们的耐心令人叹为观止。全局性的灾难似乎一触即发。但是并没有发生。

这是一幅令人惊异的场景。各种族的人们可能是平生第一次站在同一个队伍里。专业人士、佣工、清洁工及其女主人——所有的人都排在长长的队伍中，慢慢走向投票箱。可能发生的灾难看来却是一个福音。这些队伍在南非创造了一个崭新而独特的身份象征。人们后来夸耀说：“我站了两个小时才投上票”，“我等了足足四个钟头！”

漫长的等待让我们南非人重新找回了彼此。人们传阅着报纸、分享着三明治、遮着同一把阳伞，等级在他们的眼中消失了，南非人找到了南非人同胞，意识到了我们曾费尽心力想要告诉他们的东西，即他们有着共同的人性，民族、种族、肤色本来是无足轻重的。他们发现的不是一个有色人、一个黑人、一个印度后裔或是一个白人。不，他们发现的是人类同胞。白人认识到黑人、有色人（常常是混血）、印度后裔原来也是人，也和他们一样，同样有情感，有忧虑，有期待，这是多么重大的科学发现啊！这些人也想有个像样的家、一份好工作，也想家人有个安全的环境、孩子有个好学校。他们中间没有人想把白人赶到海里，而只想得到自己在阳光下的一席之地。

无论在哪里，选举都是世俗意义的政治事件，但我们的却远不止于此。我们的选举是一次名副其实的思想历程，一种登临顶峰的精神感受。走进投票站时黑人是一个人，走出来时已经脱胎换骨成为一个新人。走进去时，她满怀仇恨、背负着压迫的重担，她无法忘记自己曾被视为粪土，这种记忆像强酸一样侵蚀着她的心。她重新出现时，知道自己已经自由了，头昂得那么高，背挺得那么直，脚步是那么轻快。你如何传达那种如同第一次尝到蜜糖滋味一样的自由的感受呢？你怎么跟生来自由的人形容这种感觉呢？不可能，就好像无法跟一个天生的盲人讲清什么是红色一样。

这是一种令人欢笑又禁不住流泪的感觉，它让我们欢欣雀跃，手舞足蹈，又让我们不敢相信这一切真的发生了，害怕这一切会烟消云散。这可能正是第二次世界大战盟军彻底打败纳粹和日本人后胜利者在欧洲胜利日和抗日胜利日的感受，人们从村庄、乡镇、城市冲上街头，和互不相识的陌生人拥抱、亲吻。这就是我们的感受。

白人走进投票站时，则为自己曾享受过压迫和非正义的果实而满怀负罪感。他走出来时也脱胎换骨，变成了一个新人，他放下了负担，获得了自由。白人体会到自由实际上是不可分割的。在种族隔离压迫的黑暗岁月，我一直在说，如果黑人没有自由，南非白人也永远不会有真正的自由。许多人认为这不过是图图的另一条口号，和其他口号一样靠不住，而今天这却变成了人们亲历的现实。我常常提起一部由西德尼·波蒂埃主演的引人入胜的老电影《逃狱惊魂》(*The Defiant Ones*)。片中两个囚犯——一个白人、一个黑人——从被铁链拴在一起的囚犯队伍中逃脱出来。他们铐在一起，掉进了一个沿壁很滑的深沟。其中一个费力向上爬，几乎爬到了沟顶，但却无法爬出去，因为他和仍在沟底的同伴拴在一起。要想成功，他们就必须同心协力，一起向上爬，最终爬上沟壁，逃脱出去。

因此，我要说，我们南非人只有一起生存和成功，被环境和历史绑在一起的白人和黑人只有共同努力，才能一起向上爬出种族隔离主义的深渊。任何群体都不可能单独取得成功。上帝把我们联系在一起。在某种意义上，我们是在实践马丁·路德·金说过的话：“我们必须学会像兄弟一样共同生活，否则我们就会作为傻瓜一起灭亡。”

4月27日这非同寻常的一天，竟是在没有我们所害怕或他人所预期的破坏行为的情况下结束的。选举被宣布为公正和自由的。赞美上帝，我们欣喜若狂，我们成功了！我们自己都觉得难以置信。5月9日，纳尔逊·曼德拉在新南非第一届民主选举的国民议会上当选为总统。然后，我们参加了开普敦市政厅外的大游行。街上人如潮涌，与迎接纳尔逊·曼德拉出狱时相比也毫不逊色。

我极为荣幸地将新总统和他的两位副总统——塔博·姆贝基和F. W. 德克勒克——介绍给了已等得不耐烦的人群和整个世界。当我将曼德拉引向主席台，把他交给人民时，人群中爆发出了震耳欲聋的欢呼声。

今天，我们正在这个划时代的事件中体会这一点。选举之后，许多南非人发现民主和自由来到了他们的土地上，帮助他们打开了过去曾经紧闭的大门。曾把我们当成贱民一样对待的国际社会，此刻向我们敞开了胸怀。我们重新回到了英联邦，在伦敦威斯敏斯特大教堂举行的仪式和祈祷感人至深，新南非的旗帜被举上圣坛，加入了英联邦国家的行列。曾在许多赛事上抵制我们的体育世界向我们展开了迎宾的红地毯。南非人开始了一种全新的经历。他们的国家如今尝到了新生的滋味。南非人以往在国外旅行总是鬼鬼祟祟，总是尽量掩饰自己的国籍，生怕被人拒之门外。而今他们则昂首挺胸，把国旗骄傲地别在衣领上、卡在行李上，向所有人宣示他们来自南非这块土地，告诉大家他们已经打破了末日将临的一切预言，并且不同寻常地实现了从压迫和非正义向民主与自由的和平过渡。

当 5 月 10 日纳尔逊 · 曼德拉就任南非第一任民主选举的总统时，可能整个世界都为之停止了运转。即使没有停止，本来也是应当停止的，因为几乎全世界各个国家的领导人都齐聚比勒陀利亚，所有的重要人物都到场了。在这个历史性的就职日中最令人难忘的时刻之一，是南非空军战机释放着代表国旗颜色的烟雾从空中掠过向新总统致敬。我禁不住泪流满面。在场的南非人，我想特别是南非黑人，几乎异口同声地发出了震耳欲聋的欢呼声。我们似乎在同一瞬间意识到，这些长期以来在我们头顶耀武扬威的战争机器，现在是**我们的**而不再只是**他们的**了。这的的确确是最深刻意义上的**我们的**国家了。

纳尔逊 · 曼德拉在他的大女儿陪伴下到场时，保安部队、警察、监管机构的首脑正步走到他车前，向他敬礼，然后护卫着他们的国家首脑继续行进。这一时刻真是让人百感交集。仅仅几年之前，他还是他们的囚犯，而且被当做恐怖分子遭到追捕。这是怎样天翻地覆的改变啊！他邀请他的白人看守作为嘉宾参加了就职典礼。这是他以自己的惊人方式做出的许多姿态的第一个，展示了他的高风亮节和博大胸襟。他将敦促同胞们为和解而努力，他将成为推动和解的强大力量，而和解将是真相与和解委员会的职责，他已经指定由这个委员会来处理我们国家的过去。这个曾经被污蔑诋毁、被当做危险逃犯遭受追捕的人，转而成了宽容与和解的化身，让那些曾经仇恨他的人心悦诚服。囚犯变成了总统，为全世界景仰、赞美和当做英雄般崇拜，成了国际上最受尊敬的国家元首。南非从未像 1994 年 4 月以后那样接受过如此众多的国事访问。几乎每一个国家元首都希望和我们的总统合影留念。

然而，我们还是不由得担心，这一切会不会在我们眼前破灭。我们害怕国内某个地方的某个狂人可能会肆意妄为，颠覆整个谈判进程。但是没有发生。有很多事情出了问题，有些明显是蓄意破坏整个计划，但是没有发生能够阻止国家前进步伐的事件。

是的，全世界都看到了一个真正的奇迹出现在眼前。他们见证了这个几乎是不可思议的事件。多少人担心和预言的恐怖血洗没有发生，这些令人吃惊的南非人——白人和黑人——共同成就了相对和平的过渡和权力的转移。

我们在对非正义、压迫和邪恶的抗争中大获全胜，我要在此对国际社会说，没有你们的帮助、祈祷和对我们事业的支持，这样的胜利是不可能的。我以极大的荣幸代表千百万同胞说："谢谢！谢谢！谢谢！我们的胜利真正就是你们的胜利。谢谢！"在英国剑桥大学的一次演讲中，我曾说："现在对南非产品的抵制已经解除。"讲话后，一位中年妇女凑过来对我说："大主教，我听了您的讲话，的确心悦诚服。但从小我的父母就教育我要抵制南非货，我也教育自己的孩子抵制南非货。所以即使现在买南非货时，我还是感到惴惴不安，因为我的整个人都在说我做了什么错事。”我想恐怕没有哪一种事业能像反种族隔离那样唤起那么巨大的热情、那么无畏的献身，也没有哪个国家像我的祖国那样得到那么多人、那么长期的祈祷祝福。在某种意义上，如果真有奇迹要发生，则非南非莫属。

在我当选为大主教时，我为自己在任期内确定了三个目标。其中两个与圣公会（新教）内部工作相关。其一即接受妇女担任牧师职位，这在 1992 年得到批准，我们的教会也因此更为充实，更为祥和。另一目标是将大而无当的主教教区分解为较小的传教单位（我未能得到教会的支持）。第三个目标就是解放我们的人民，无论白人还是黑人，我们在 1994 年做到了。

因此，我的妻子丽雅和我可以欢欢喜喜等着我 1996 年退休养老了。我们非常幸运，因为我们看到了我们希望在自己有生之年看到的事情，看到了我们的土地和人民从种族主义的镣铐枷锁中解放出来。

1975 年我成为约翰内斯堡教长后，就以公开明确的立场参与了斗争。1976 年我曾致信时任首相的沃斯特先生，警告他黑人社区的愤怒情绪正在日益高涨。他对我的信不屑一顾。几个星期后，索韦托发生了暴动，南非从此再也不是从前的面貌了。我在公共舞台上活动了 20 年之久，现在政治进程已经实现正常化，我也该退出中心舞台了。

我实在太向往老公民的退休生活了，但却没有料到，我们的主教会议、总统以及真相与和解委员会，合力打破了我们尽善尽美的退休计划。

# 第二章　纽伦堡还是全民遗忘？

## ——第三条道路

在种族隔离制度下，少数白人独霸政治权利，并因此而得到了其他各种权力和特权。他们用邪恶与卑劣的手段维持着高压统治。这些白人利用所谓“单肤色统治”制度，声称人的价值在于其特定的肤色、种族特性和人种。既然具有这些特质的人为数不多，单肤色统治也就只能属于全体人类中有限的少数人了。

在古希腊，本来聪明睿智的亚里士多德也犯下了同样的错误。他认为人的特性并非每个人都普遍拥有，因为奴隶就没有这样的特性。奇怪的是，亚里士多德居然没有注意到其观点的无比荒谬。他的主张一定让奴隶主大感宽慰，因为既然奴隶不像他们一样是真正的人，那么奴役奴隶也就谈不上残酷，而是心安理得的了。（如此说来，重获自由的奴隶会突然间得到人性！）古人相信如此不合理、不道德的思想尚可原谅，但种族隔离的实施者却不是蒙昧的异教徒，因此不能以无知来开脱。他们声称自己是西方人，和西方人一样文明，更有甚者，他们还是基督教徒。这是他们在反对制裁时竭力强调的一点。他们还成功地说服了轻信的西方，使其相信南非实际上是西方基督教文明对抗苏联扩张的最后堡垒。他们读《圣经》、去教堂——他们居然去教堂！我记得有一次和我的岳母驱车经过一个荷兰新教教堂。她是家庭佣工，文化程度不过小学。教堂外的停车场上泊着几十辆车，我指着这些车说，布尔人显然是群敬畏上帝、虔诚礼拜的人。我的岳母笑了笑，轻声说："我的孩子，如果上帝像对待他们一样对待我，我也会经常来做礼拜的。"

我们的人民常常对这不可思议的现实感到大惑不解，那些如此恶劣地对待他们的人居然不是异教徒，而是自称为基督徒、和他们读同一本《圣经》的人！因此，种族隔离的鼓吹者真的无法为其怪异的主张找到借口。他们和我们同读的《圣经》讲得非常明确，赋予人类——每个人都不例外——以无限价值的，不是这个或那个生理或其他外在特质。不，我们的价值在于我们是按照上帝的形象创造出来的。这是与生俱来的，是一个整体。它意味着我们每一个人都是上帝的化身、上帝的总督、上帝的代表。这就是为什么，如果不能一视同仁地对待任何人就是名副其实地亵渎上帝，就是向上帝的脸上吐唾沫。这也是为什么，我们会怀着满腔热情为正义和自由而战。激励我们的不是政治动机，而是《圣经》的信念。在非正义和压迫的情况下，《圣经》成了最具颠覆性的书。

我们常常试图指出种族主义的荒谬，希望我们的白人同胞能够感到羞愧，并放弃这荒唐可笑的东西。例如，我会说我们不妨用大鼻子来代替肤色，因为我自己有个大鼻子。假设某大学不是像种族隔离制度下专为白人而开，而是为大鼻子设立的，首要的要求是鼻子要大，而不是学业。如果你不幸天生有小鼻子的残疾，就必须向小鼻子事务部申请批准进入专为大鼻子开设的大学学习。大部分听了我这个故事的人，都会为它的荒唐和愚蠢笑得前仰后合。如果现实也只是个笑料就好了。

我父亲是小学校长。尽管做佣工的母亲几乎没有文化，家庭收入也微薄得不值一提，但在种族隔离被国民党政府制度化、系统化之前，我们还是得到了一定的庇护，免受了南非种族主义最严酷的迫害。我没有什么政治意识，甚至认为种族主义的秩序是上帝的旨意。事情就是这样，你最好还是老老实实地接受，不要多事。实际上，大部分人都极好地调整了自己，适应了哪怕是极端恶劣的环境。我们住在芬特斯多普。这个约翰内斯堡西边的小镇，后来因成为新纳粹布尔人（AWB，或阿非利卡抵抗运动，形成于 20 世纪 70 年代末，反对对种族隔离的有限改革）的总部而臭名昭著。我常常从贫民窟到白人镇上为父亲买报纸。我总是能看到流浪儿在白人学校的垃圾桶里翻腾，并常常能够找到白人孩子丢掉的完全可以食用的苹果和三明治。白人儿童更喜欢妈妈为他们准备的食品，而不是政府为他们（不包括黑人儿童）提供的免费午餐。种族主义的畸形特性之一，就是那些没有需要、自己可以负担得起食品的学生可以得到免费食品，而那些急需高质量食品但买不起的孩子反而得不到免费午餐。这或许仅仅因为他们的父母无权无势，在自己出生的土地上是隐形人，只有让他们干活时，而且常常是做仆人时，才被人想起。我注意到了这种待遇上的差别，但不敢说那给我留下了什么不可磨灭的记忆。只是很久以后维尔沃德博士对黑人实施所谓“班图教育”的劣等教育制，并停止在某些黑人学校发放免费食品后，我儿时的记忆才重新被唤醒。当被问及为什么停止这种相当经济但可有效帮助最贫穷的人们战胜营养不良的做法时，维尔沃德博士的回答令人瞠目结舌，尽管他的话完全符合种族主义和种族隔离的无理逻辑。他说，如果不能人人有饭吃，那么就谁也别吃。这真是登峰造极了！我们为什么不去救治那些患了肺结核的人呢？不行，我们不能这样做，因为如果不能救治所有病人，我们就不该只救治其中一部分病人。之所以有这样肆无忌惮的一派胡言，就是因为受害者没有政治权利。他们无法把你选下台。

在罪恶的通行证制度下，黑人的行动自由受到极大限制，每天都有许多人因此被捕。16 岁以上的所有黑人都必须携带通行证。如果警察要求出示通行证而你恰好没有带在身上，就被视为违法，即使解释你只是出来买包烟，通行证忘在办公室的西装口袋里，也无济于事。整个制度就是要剥夺你的自我价值。黑人没有权利进入城区，能进城完全出于其主子的慈悲和恩惠。每天都必须出示通行证，否则就得加入蔚为壮观的戴上了手铐的违法者的长队，而警察则等着凑满足够的人然后把他们塞进一辆辆军车。这一切带来的日复一日的当众侮辱是难以言表的。这种军车叫做载人面包车或 Kwela-Kwela（来自警察用科萨语向他们的俘虏叫喊的“上来，上来”）。堂堂正正的人被关进惯犯的囚室，第二天又被法庭上办案的出奇速度搞得大惑不解：每人两分钟，一种“载人传送带”式的正义。未及他们叫出“纳尔逊·曼德拉”的名字，这些人就已经被认定有罪，并判处了过重的罚金或监禁。这种违反人权的遭遇是几乎每一个黑人都曾经历过的。

我还清楚地记得我曾陪伴做老师的父亲进城。当他也被毫不例外地拦住时，我的心里是多么为他难受。不过也有蹊跷的事。由于他受过教育，他有资格享受所谓的“豁免”，普通的通行证法对他不适用，他享受其他黑人没有的特权，即可以购买专供白人的酒而不必担心被捕。但为了让警察知道他享受豁免，就必须携带并出示他的高级文件——豁免证。因此，他也无法免遭被拦住去路、被喝令出示豁免证的当众侮辱。这让我感到恶心。

我们的许多邻居还遭受了更侮辱人的入户通行证检查。家是一个人的堡垒？根本没有这回事。警察专挑最能让人烦的凌晨时分闯进来，大叫大嚷着把人们轰下床，没有一点起码的礼貌："Kom, Kom—maak oop, julle verdomde kaffers."（快点儿打开！你们这些可恶的黑鬼！）衣不遮体的母亲惶恐地瑟缩着，孩子们发出尖叫，做父亲的则无力地站在那里，一点也没有男子气概，在自己的孩子面前丧尽尊严——好像他根本就不存在。在法律的眼里，他是无足轻重的，只有三等公民的最低权利。

降临到头上的常常不是什么大事、什么令人发指的恶行。不，那是一些日常的骚扰、琐屑的无礼行为和细碎的侮辱——尊严不总是被踩到脚下，也不总是被长筒皮靴践踏，尽管这样的情况也同时存在。比如陪父亲去商店时就经常碰到。父亲是个有教养、有尊严的人，但柜台后面的小丫头竟张口叫他："嗨，小子！"她这样做仅仅因为她是白人。我的心为我的父亲死了许多次。他常常不得不强扮笑脸讨好没有家教的坏孩子。我知道他对此无能为力，即使到别的商店，也会遭到同样的对待。有时也有例外，但罕见得如炼狱中的冰雪。这种待遇贬低了我们的人民，深深地侵蚀了他们的自尊心。

我担任教长、后来担任大主教来到约翰内斯堡时，丽雅和我须经"批示"方可进入城区。我们必须到土著人事务专员办事处，在通行证上加盖适当的印章，以示在我就任教职期间允许我们住在约翰内斯堡。许多黑人必须排长队等待，而白人主子们要么在谈天、要么读报、要么饮茶。等他们终于屈尊办案时，也从不会以礼相待，而是吆三喝四，让本来已经晕头转向的乡下人更加无所适从。黑人官员的态度稍好一些。丽雅被允许作为我的配偶住在约翰内斯堡，她遭受的是双重歧视——作为黑人，还作为妇女。她甚至享受不到黑人男性的那点可怜的权利。

在政府眼里，关键在于你是黑人，这是最重要的事实，而不是你其实也是人。如此这般，即使我担任约翰内斯堡的大主教并身为诺贝尔奖得主，在紧急状态下，我的夫人和女儿也有被拦截并在路边被当场搜身的可能。由于我的抗议，这样的情况没有出现，她们得以被带到附近的警察局进行搜身。如果这是他们给予黑人名人的惯常待遇的话，那么对其他地位卑微的黑人又有什么干不出来呢？我自问，当然更知道可怕的答案。

在真相与和解委员会的总报告所引述的一份材料中，后来成为宪法法院副院长的帕埃斯·兰嘉大法官讲述了他作为一个黑人的经历。

> 我第一次和司法系统打交道还是……1956年在德班当工人的时候。正是在此期间，我感受到了1950年《人口登记法》第30号的某些条款、1945年的《土著合并法（城区）》第25号以及当时其他歧视性法律所带来的痛苦、愤懑和侮辱。对我的直接影响是我为这一切的不公平、不公正深感失望。我无论如何也无法理解为什么种族这个因素可以决定我应该住在哪里、可以在哪儿工作。还是个十几岁的孩子时，我从来不明白为什么我要住到男人的宿舍去，只有得到许可证才能到城里和父母一起住。……我正青春年少，意气风发，认为我想做什么就能做什么，什么都无法阻挡，但是我错了。我的梦想遇到了种族隔离的严酷现实。它在我的周围精心构筑了无理的、屈辱的，而且常常是敌对的环境，其意图就是要打击像我这样希望为自己也为周围的人改善境遇的人……

> 通行证法和进城控制条例是影响我早年生活的整个法规体系的核心……我和成千上万的人一样，排着似乎永远没有尽头的长队。排到头时，一般遇到的都是蛮横的小干事或官员，或许在你的“dompas”（当地指通行证的土话）上赏你一个什么验证章。进城控制办公室的整个程序令人痛苦而屈辱，有些方面甚至给成千上万受其管辖的人造成了深深的侮辱。我记得作为一个17岁的孩子，我不得不扭过头去，把眼光避开那些赤身裸体的成年人，徒劳地希望以此为他们挽回一点尊严。我们排在队里的人都必须裸体，以方便这种有辱人格的检查。如果在许可证的期限内没有找到工作，就可能被土著事务法庭宣布为“闲杂班图”，面临被发送农场居住地的可能。许多人被送上这个法庭，并因为未能及时出示身份文件而被判刑……
>
> 但是，把这些明目张胆的歧视性和压迫性法律写入法典只是一个方面。其丑恶性又因执法的白人和黑人官员的粗暴、残忍和麻木而变得无以复加。这是一种对前来办理手续或求助的人的敌视和威胁的文化。当局的面目是对被剥夺了选举权的人们的战争面孔，而人的尊严则是战争的牺牲品。

1948年当政伊始，种族隔离政府就开始了疯狂的种族主义立法过程。他们废弃了许多黑人城镇，搬迁了许多安居的社区，把上帝的子孙都扔到了与垃圾场毫无二致的班图斯坦黑人定居区。垃圾可以扔，人是不能扔的。但这恰恰就是他们给予按照上帝的形象创造出来的人的待遇，而这些人的罪过是生为黑人。他们把我们当物件对待。我们有一首战斗歌曲：“*Senzenina? — Isono sethu bubumnyama*”（我们拥有什么？——生为黑人就是我们的罪孽）。国民党把种族隔离发展到了极致——我们在居住、就学、娱乐和工作上均被隔离。我们被禁止跨种族婚配，跨种族的性事是禁忌，混血婚姻也是禁忌。就业保留制使黑人无法从事某些专为白人保留的职业——而今天他们则在大喊这样的做法“令人恶心”。

350万人被迫背井离乡，这一无情的社会工程试图搅碎南非这块各种族融合而成的蛋糕。这些仅仅是统计数字，但强制迁移计划的受害者却是有血有肉的人啊！丽雅和我是在约翰内斯堡以西19公里处的黑人小镇蒙谢韦尔的罗马天主教堂结的婚。那座教堂连同许多居民住宅都被夷为平地，因为蒙谢韦尔注定是要拆毁的。这个行动是个走调的音符，是本应成为一片洁白百合的地区的一个污点。只是由于雷昂·维塞尔斯的干预，蒙谢韦尔才得以幸免。他是国民党议员，后来为种族主义深表歉意，并出任为我们制定了出色宪法的制宪议会的副主席。但是，其他地方则没有这么幸运。我生活或学习过的地方至少有五个——例如索菲亚镇——就未能幸免。有一个人在约翰内斯堡当花匠，在一个村里为自己修建了一个不错的小家。一天听说他家的村子宣布要拆除，整个社区要迁移，他请求给他个照顾，并得到批准，他想亲手拆掉自己多年来苦心营造的小窝。第二天早上，人们发现他已经吊死在树上。他无法承受，他自杀了。

开普敦的桌山脚下，是市里最为热闹和时髦的部分，叫做第六区。过去这里是一个充满活力的多种族聚居区，基督教徒、穆斯林和犹太人和睦相处，没有什么种族主义事端。后来，国民党掌权，通过名称古怪的“社区发展部”，以种族和睦的名义，宣布第六区必须关闭。于是，有色人和非洲人都被迁移到离他们工作的市中心数英里之外的地方，被迫从宽敞的宅院搬进一个贫民小镇拥挤不堪令人窒息的火柴盒式的房子里。我担任大主教不久，就访问了邦特赫维尔，一个种族隔离的毒瘤。在其中一个极小的蜗居里，住着我们教区的一个教友。老人 1960 年从第六区迁到这里，而当时已经是 1986 年了。那些没有打开的塞满家什的盒子箱子，在简陋的房子里摊得到处都是。当我问他为什么没有打开时，他回答说他等着回到第六区的家。那 350 万人就是这样的人。老人怀着破碎的心离开了人世，箱子依旧没有开启。

有人制作了一个题为“第六区”的音乐剧，描述开普敦这个区域的繁华以及后来如何屈从于种族隔离的疯狂。我的一个属下儿时曾住在第六区，看完表演回来后告诉我们，他禁不住流下了怀旧的泪水。他母亲晚年时曾对他说她想回家，意思是要回到她第六区的旧宅。史蒂芬 · 奈都和他经商的父亲及母亲、姐姐从德班搬来。他父亲发了财，在开普敦附近的立特里特盖了幢大宅子。史蒂芬成为开普敦罗马天主教大主教。我向他讲述了我下属的话，他反过来让我猜猜他看了同一场演出时的感受——他也一样痛哭流涕。社区发展部宣布他们居住的区域为白人区，因此奈都一家必须搬走。他的父亲已经去世，守寡的母亲请求当局让他们留在自己的家里，但是徒劳一场。于是他们找到了与别人合住的一套一室单元房。白天他们不得入内，史蒂芬和姐姐只好坐在附近火车站的候车室里，直到允许他们回家的时候。听了他的讲述后，我突然意识到许多貌似正常的人，实际上都满怀愤懑和痛苦的重负，而这不为别的，就因为他们不是白人。

我们全家从我留学的英国回国时，假道法国、意大利和圣地[1]。我们的目的地是东开普省的艾丽斯，我将在联邦神学院执教。一到南非，我们就到东伦敦市为新居添置家具。午饭时间到了，我们知道没有餐馆让黑人就餐，于是只好买了鱼和薯条坐在停靠路边的车上吃。几个星期前，我们还可以在巴黎的上流餐馆里享受法式美食，在我们自己的祖国却办不到。

我们经常到东伦敦的海滩上野餐。留给黑人的那块沙滩景致最差，周围只有很少的岩石。不远处是个带小火车的游乐场，在英国出生的小女儿这时就会说："爸爸，我想荡秋千。"我心里沉甸甸的，只能心虚地对孩子说："不，宝贝儿，你不能去。"如果我的宝贝坚持要去，我又该怎样回答她呢？"可是，爸爸，其他的小孩在玩呢！"我怎么能跟她说她不能去是因为她不是能去的那类人呢？我内心死去过许多次，不能直视孩子的眼睛，因为我觉得没有了人格，受到了巨大的侮辱和贬斥。我现在体验的一定是我父亲在他的儿子面前被羞辱时的心情。

种族隔离系统地剥夺了有色人、印度后裔以及特别是黑人的权利，扼杀了他们的人性。它给这些人提供的是形同儿戏的教育，住房不足，医疗缺乏，使孩子们罹患原本极易预防的疾病；它通过合同工制和单性别宿舍，破坏了黑人的家庭生活。种族隔离无所不在，给其受害者造成了不必要的和无法言喻的痛苦。可以毫不夸张地说，每一个不是白人的人都在一定程度上遭到了这一罪恶制度的迫害。黑人完全有权以满腔仇恨，向白人以血还血、以牙还牙，声讨种族隔离的罪行。我们的新任司法部长杜拉赫·奥马尔说我们是一

1 指梵蒂冈。——译注

个“受害者的国度”，这种描述在一定程度上的确恰如其分。但我们还要欣喜地宣布我们也是幸存者的国度，其中不乏以其宽宏大量的博大胸襟和崇高精神震惊了整个世界的杰出人物。

现在担任美国凯洛格基金会牧师的马鲁斯·马普尔瓦纳在20世纪70年代末80年代初曾是一个热情奔放的积极分子，在黑人觉醒运动中是史蒂夫·比科的密友。他和其他人一起，在贫困交加、颓废绝望的农村社区中进行了至关重要的社区发展和医疗工作。因此，他和妻子被无孔不入的安全警察置于严密监视之下，并经常遭到骚扰。他们常常未经审讯就被关进监狱，他被处以五年禁行令，行动被限制在东开普城区内。正是在此期间，他设法甩掉了警方的盯梢，来到约翰内斯堡，在我的办公室里和我见了面（当时我担任南非教会理事会的秘书长）。他说在他频繁地遭受拘留的那段时间，安全警察告诉他：“我们统治着这个国家。”当他们照例折磨他的时候，他常想：“这些人也是上帝的子孙，但他们却像禽兽一样。他们需要我们帮助他们恢复人性。”有这样卓越的人加入其中，我们的斗争**必定会**取得最后的胜利！

1994年4月27日是个转折点，一个新纪元的开端。它预示着新的南非将如那些竞选口号所说，成为一个民主的、无种族主义、无性别歧视的南非。这是一个崭新的事物。残酷压迫和极端不公的种族隔离旧制度被废除。我们很快就会发现，几乎没有人还会承认自己曾是这个邪恶制度的支持者。

受伤的人不会再因为风驰电掣奔向出事地点的救护车是专为救治另一种族的人而被遗弃路边。再不会有人被迫离开家园，然后像垃圾一样被抛进贫困的班图斯坦家园（专为黑人设立）。上帝的子孙再不会受到把南非人口像牲口一样分类的种族分类局的侮辱。（同一个家庭的成员经常被划分成不同的种族，肤色稍深的被归入较低级的一类。有些人宁肯自杀，也不接受这种荒唐专横的分类。）孩子们再不用接受号称为教育的那碗“薄粥”，这种教育实际上是要让黑人儿童接受永远的奴役，顺从至高无上的白人主子。这一教育制度的始作俑者、种族隔离的高级祭司、后来担任首相的维尔沃德博士，曾大言不惭地说过：

> 学校必须使班图人（南非黑人）适应其经济生活的需要……如果在实际中不能运用，把数学教给班图孩子又有什么用？……教育必须依据人们生活中具有的机会而施教授业……[1]

我要说“再也不会了”，因为在新南非的确如此。我们再不可能合法地、秩序井然地通过立法，将无数人的生活从尘世打入地狱，因为新南非的至高权力不在议会，而在我们的新宪法，许多人都认为这是世界上最自由、最具人权取向的宪法。立法不能仅仅凭议会的癖好，而是要得到我们的最高法院——宪法法院的批准。诞生时间还不长的宪法法院已经表明，它能够打击一切有悖于宪法宗旨和条款的行为。宪法不是一纸空文，而是所有南非人通过其当选代表达成的庄严契约。

新的制度安排带来许多新气象。但是旧制度的某些方面还会苟

1 《图片中的南非历史：真实的故事》(*Illustrated History of South Africa: The Real Story*)，开普敦，读者文摘出版社，1988 年。

延残喘，好像沉重的裹尸布笼罩着新时代。谁也没有那样的魔杖，可以让新制度的设计者手执着挥舞、嘴里念叨着“嘿，快变”，就会把南非在一夜之间变成到处流淌着鲜奶和蜂蜜的天国。持续半世纪之久并以残酷手段得到有效加强的种族隔离制度的余毒，还会在今后的很长岁月中影响着我们。

许多南非人都对种族隔离有着可怕的记忆。他们忘不了1960年3月21日的沙佩维尔大屠杀。人们对通行证法进行和平抗议示威，警察惊慌失措，向人群开火，69人倒地身亡，其中许多是在逃跑时被击中了背部。人们也忘不了1976年6月16日的索韦托起义。手无寸铁的学生在反对将阿非利卡语定为授课语文的抗议游行中被射杀。（阿非利卡语被视为压迫者和种族隔离执行者的语言，因为1948年实行种族隔离制的国民党绝大部分人操阿非利卡语。）还有那些在被警察拘留期间神秘死亡的人。当局称这些人自杀了，有的用皮带上吊了，有的洗澡时踩在肥皂上摔死了，有的则从牢房或审讯室跳窗自杀。这些话可能大部分的白人是相信的，但却根本无法让黑人相信。我们还被告知有的人是自残而死。黑人觉醒运动年轻的学生领导人史蒂夫·比科就是其中之一。据说1977年9月，他在和审讯者发生不可思议的无理争吵时，以头撞墙。史蒂夫被赤身裸体用警方的卡车驱车1500公里送到比勒陀利亚，据说是要接受治疗，可是到达不久他就死了。谁也没有解释为什么不能在他被监禁的伊丽莎白港对他进行急救，或者为什么必须让他赤裸着处在昏迷状态下被送往比勒陀利亚。

人们记得1985年在夸祖鲁—纳塔尔省阿曼泽姆多蒂的爆炸事件。放置在一家购物中心外垃圾桶中的爆破弹，在忙着圣诞节采购的人群中爆炸，死5人，伤60多人。还有1986年的玛古酒吧爆炸事件。罗伯特·麦克布莱德和两个同伙在附近安放了汽车炸弹，死3人，伤69人。据说这是以邻国博茨瓦纳为基地的非国大武装派别“民族之矛”首领下达的命令。

许多南非人看到用所谓“项链”酷刑残忍地将人处死时，无不感到恶心。施刑时将灌满汽油的轮胎套在受害者的脖子上，然后点火。这种可怕的处决方法是城里支持非国大的“同志”们用来惩治“叛徒”即被怀疑和国家合作的那些人的，也被用在交战的各派解放运动的自相残杀上，比如被禁的大部分由非国大的同情者组成的联合民主阵线（UDF）和主张由史蒂夫·比科发起的黑人觉醒运动各项原则的阿扎尼亚人民组织（AZAPO）之间的争斗。令我们无比震惊的是，人，年轻人，居然能围在这样一个痛苦挣扎的人周围起舞。种族隔离既剥夺了实施者的人性，也剥夺了受害者的人性。在这一点上，种族隔离做得真是太成功了。

人们为1983年5月比勒陀利亚教堂街上的屠杀所震惊。巨型炸弹在南非空军总部外爆炸，死21人，伤200多人。非国大宣布对此次爆炸负责。最晚近的则是1993年7月开普敦圣詹姆斯教堂的大屠杀。在那次袭击中，泛非大会（PAC）——即1959年脱离非国大的解放运动——两名成员冲进星期天的礼拜仪式，用机关枪杀死了11名教徒，伤56人。在这场城市游击战中，似乎已经无所谓神圣可言。

这些以及其他类似的暴行充斥于我们的历史，各方面都认为我们应该认真对待这段历史、这段过去。我们不能装作这一切并未发生，许多事情人们还记忆犹新。

实际上，对于向新的制度安排过渡时我们是否应该有效处理既往历史的问题，并不存在异议。不，问题不在于是否应该，而在于如何处理仍历历在目的过去。

有些人希望借鉴纽伦堡审判的模式，将所有严重违反人权的罪犯都捉拿归案，让他们经受正常司法程序的煎熬。结果发现这条路根本行不通，也幸好如此。第二次世界大战后，盟军彻底打败纳粹及其轴心国，因此得以实施所谓“胜利者的正义”。被告一方毫无发言权，而且由于坐在审判席上的如俄国人本身也是人权的严重违反者（在斯大林时期有过之而无不及），整个审判过程让不少德国人耿耿于怀。纽伦堡审判 50 年后，我参加英国广播公司电视台在纽伦堡当年的审判厅里举办的专题讨论时，仍有这样的感觉。德国人接受了纽伦堡，因为他们一败涂地，胜利者可以在被打翻在地的败军身上再踏上一只脚。在南非，任何一方都无权实施胜利者的正义，因为没有一方取得了可以赋予这种权利的决定性胜利。因此，纽伦堡方案被那些为向民主、法治和尊重人权过渡而进行艰难谈判的人拒绝了。

有一点是明白无误的，如果种族隔离的安全部队认为在谈判结束时他们仍将作为肇事者面临法律的严惩的话，他们就不会支持使我们得以实现从压迫到民主的相对和平过渡这一“奇迹”的谈判解决方案了。（当时多少人作出了可怕的预言，认为会发生血洗事件，我们会被全面的灾难压倒。）他们仍掌握着枪杆子，仍然有能力破坏整个过程。

作为和平过渡的受益者，有些南非人，还有一些国际人士，喜欢喋喋不休地抱怨没有将所有罪犯绳之以法。事实上，我们都很健忘。我们忘了 1994 年之前我们一直焦虑不安，一场全面的灾难如在弦之箭，一触即发。由于上帝的慈悲，我们得以幸免。那些享受着新制度安排的人过早地忘记了这一切原本多么脆弱、多么渺茫，忘记了整个世界仍然以惊异的眼光注视着这一奇迹的展开。奇迹是谈判解决的结果。如果谈判一方坚持将所有肇事者送上法庭，就不会有谈判解决，也不会有民主的新南非。纽伦堡后盟军可以打起铺盖回家，我们南非人可是要朝夕相处的！

正因为如此，我们的首席大法官伊斯梅尔·马霍麦德在他担任宪法法院副院长期间，当有人对法律中的大赦条款提出违宪质询时，他才能够赞许地引述马尔文·弗兰克尔大法官在其所著《走出黑夜的阴影：为国际人权而战》[1]一书中的话：

> 惩罚人权罪犯的要求，可能带来复杂而棘手的问题，因为没有单独的或简单的解决方案。尽管关于纽伦堡审判的争论仍在继续，但那段历史——对战败国的战争罪犯进行审判——与一国审判自己的罪犯时遇到的可能分裂国家的微妙而危险的问题相比，就是小巫见大巫了。
>
> 一个在压迫性政权下分裂的民族，不可能在压迫一结束时就能突然达成团结一致。人权罪犯是公民同胞，和每个人朝夕相处，他们可能有权有势，而且异常危险。如果军队和警署曾是恐怖的化身，那么士兵和警察也不会一夜之间变成尊重人权的典范。他们的数量和对杀伤性武器的精通仍然是生活的重要现实……士兵和警察可能在等待时机，阴谋卷土重来。他们也可能希望保住或赢得大众的同情。如果对他们太过严厉——或者法网撒得过宽——就可能事与愿违，正中了他们

1 *Out of the Shadows of Night: The Struggle for International Human Rights*，马尔文·弗兰克尔与艾伦·赛德曼著，纽约，Delacorte 出版社，1989 年。

的下怀。但是，他们的受害者不能简单地宽恕和忘却。

这些问题不是抽象的大话，而是当今十几个国家面临的严酷现实。如果像我们希望的那样有更多的国家摆脱了恐怖政权，那么类似的问题还会不断出现。由于情况各异，问题的性质也各不相同。

马霍麦德大法官接着谈到南非的局势：

要想成功地谈判过渡，过渡的条件就不仅应该得到被迫害一方的同意，也应该得到因为向“以自由与平等为基础的民主社会”［引自宪法］的过渡而感受到威胁的那些人的认同。如果宪法永远保留着不断反击和复仇的可能性，那么就可能永远得不到因落实宪法而受到威胁的人们的认同……[1]

纽伦堡审判的方案之所以不为南非的谈判者青睐，还有其他令人信服的重要原因。那些原因会给本已负担不轻的司法系统添加更加难堪的重负。我们有过这类案件的经验，比如 1995 年和 1996 年对前警察局死刑队头目尤金 · 德考克的公诉，然后是 1996 年对前国防部长马格纽斯 · 马兰将军及其他一些将军和军官的公诉。司法部和安全部门（警察）调集许多人力、历时 18 个月才成功地将德考克送上法庭，由于他曾担任公职，国家不得不负担其高达 500 万兰特的法律费用，此外还有诉讼及诉讼机构和证人保护计划的费用。

1　南非宪法法院，案卷 CCT 117/96 号（1996 年 7 月 25 日），“阿扎尼亚人民组织（AZAPO）等 VS 南非总统等”。

在马兰及其同案犯的案件中，公诉失败，而费用则达到了天文数字，几近1200万兰特（200万美元），也由国家来负担。在一个资金紧张，教育、医疗、住房等诸多领域问题重重、亟待解决的国家，必须在国家能够负担什么的问题上作出艰难的抉择。

我们也不能允许这类侵犯人权案件的细节向大众传播的时间过长，因为这会让许多人悲伤沮丧，对脆弱的和平与稳定造成过大的干扰。我们当然做不到像纳粹的“追杀者”那样直到50年后的今天仍然穷追不舍。我们必须平衡正义、责任、稳定、和平与和解的各种要求。我们完全可以实行冤冤相报的正义，让南非倒在废墟中——如果这也称得上胜利，那就真是皮洛士的胜利[1]，得不偿失了。

审判方案不可行的另一些重要原因在于举证困难。刑事法庭需要案件中涉及的证据经过极严格的审查，且必须就案件提出确凿无疑的理由。在真相与和解委员会处理的许多案件中，事件的唯一幸存证人就是罪犯本身，而他们又利用国家的大量资源销毁证据，掩盖其罪恶行径。最令人不堪忍受的是，在真相与和解委员会的调查过程中，我们发现种族隔离的支持者一有机会便谎话连篇。上至内阁部长、警察局局长，下到无一官半职的普通支持者，无一例外。他们撒起谎来肆无忌惮、毫不动摇，就像在赶就要过去的时髦。法庭上常常是一个不知所措的受害者与几个肇事者对质，后者一般都是警官和武装部队的军官。他们后来在申请大赦时，承认作了伪证。（委员会与法庭相比被证明是取得真相的更好途径：大赦申请者必须表明他们已经披露了全部事实，方可获得赦免，因而正常的法律程

1 古希腊伊庇鲁斯国王皮洛士，在与罗马军队的一次会战中虽获胜，但代价同样十分惨重。“皮洛式的胜利”遂成西方谚语。——编注

序倒了过来，申请者不再极力推卸披露全部事实的责任。）大法官或地方法官必须有非凡的勇气，才能在白人警官的阵营前，对一个孤独的证人、一个黑人作出有利的判决。

难怪司法系统在黑人中间臭名昭著。人们认为大法官、地方法官和警察沆瀣一气，让正义流了产。直到最近，所有地方法官和大法官仍然都由白人担任，他们认同白人同胞的思想和偏见，享受着种族隔离给他们提供的巨大特权，因此认为任何反对现状的行为都是共产主义煽动的结果。他们一般都支持政府的行政和立法部门，反对被法律排斥在其祖国的管辖之外的黑人。旧制度中的许多大法官都是厚颜无耻的政治受聘者，心甘情愿做不公正制度的同谋，因此对司法制度的名誉毫无补救之功。当然，其中也偶有例外，但总的来说，筹码是大大不利于黑人原告或被告的。需要一段时间才能恢复南非黑人对名誉扫地的警察和司法系统的信心。

在此我更应该引述马霍麦德大法官的精辟判断：

> 每一个正直的人一定都极不乐意接受这样的结局：邪恶行为的肇事者得以逍遥法外，其自由得到不受宪法制约的大赦的保护。但是使我们选择这条途径的各种情况值得我们仔细琢磨。在那些暴行和酷刑发生的年代里，有关监禁和犯罪调查的法律以及为调查提供信息的方法和文化，都不易进行公开调查、取证和纠正。在这个可耻岁月中发生的一切大都笼罩在神秘之中，不易展示事实和证据。亲人失踪了，有时不知原委，其中大部分已不在人世，不能再讲述他们的遭遇。其他人要么自由遭到侵犯，尊严受到打击，要么在留下深重创伤的内讧和冲突中，名誉受到极为不公的诋毁。恶魔与无辜常常同是

> 受害者。秘密和专制掩盖了真相，把它们藏进了我们历史的阴暗旮旯中。记录难以获取，证人要么身份不明，要么死了，不能或是不愿出庭。最后剩下的，就只有对亲人的伤心记忆和本能的怀疑。幸存者因此承受着深重的创伤，但同时他们又无法将自身的感受转化成经得起法律考验的客观和确凿的证据……[1]

因此，很多案件缺乏证据，还有一些则因为诉讼时效、因为犯罪发生的时间过于久远而受到影响。马霍麦德大法官在其判决中也指出了这种司法僵局造成的后果：

> 如果不赦免犯罪的人，使其免于刑事诉讼，那么另一条出路就是为某些人保留抽象的诉讼权，但又没有足够的证据胜诉，继续让许多案件中受害者的家人不明真相，不知道他们的亲人究竟出了什么事，使他们对真相的渴求永远得不到满足，使他们永远无法平息心中的义愤和痛苦；与此同时，肇事者可能保住了自由之身，但却无法成为新秩序的积极、全面和开创性的参与者，因为他们内心混杂着迷茫、畏惧、内疚、不安，有时甚至是惊恐。[2]

因此，审判作为处理历史问题的各种可能方式中的极端方案，被否决了。

---

1 南非宪法法院，案卷 CCT 117/96 号（1996 年 7 月 25 日），“阿扎尼亚人民组织（AZAPO）等 VS 南非总统等”。

2 同上注。

还有些人反对审判的方案，轻描淡写地说我们应该让过去的事就过去吧。这一方案是前政府及执行其命令的安全部队所竭力寻求的。他们吵吵着要一个一揽子方案或是全面大赦，就像在智利，皮诺切特将军及其追随者对自己实行大赦，并以此作为放弃军管、将政权移交平民政府的先决条件。尽管他们同意任命一个真相委员会，但委员会只能关起门来审案，而且不能审查皮诺切特将军本人及其政府和安全部队的档案，即使审查也不是为了定罪。皮诺切特将军以及政府和军官宽恕了自己：只有他们知道自己的所作所为；他们集被告、原告和法官于一身。由于智利大赦的宗旨不像南非那样是为了确定责任，我坚决支持最近对皮诺切特将军的引渡请求。我们不能容忍罪犯不仅可以决定是否赦免自己，甚至还不允许他人质疑他给予自己大赦的依据以及所赦免的罪责。

南非的情况则是不实行全面大赦。每一个参与迫害行动的人都必须单独提出申请，并接受一个独立小组的审查，由它决定申请人是否符合获得赦免的苛刻条件。除了上述原因之外，人们也强烈地感到普遍大赦等于遗忘，有人指出，我们任何人都无权说“让过去的事过去吧”，然后挥手间一切就真的过去了。我们的共同经验其实恰好相反——过去的一切不是消失了、沉寂了，而是令人尴尬地顽固存在着，它将不断回过头来纠缠我们，除非我们彻底地解决一切。我们必须直面禽兽，否则它就会反过身来要挟我们。

英国人和阿非利卡人（荷兰、德国或法国胡格诺教派的白人定居者）在南非的历史就是一个恰如其分的实例。在20世纪初的英布战争中，英国人把20万布尔人，包括布尔妇女、儿童和在布尔人农场上干活的黑人劳工，关进了当时英国人的新发明——集中营，这在后来希特勒疯狂推行纯雅利安血统对犹太人进行大屠杀时变得臭名昭著。大约5万名囚犯在非人的条件下死去。战争结束后，交战双方都没有坐下来讨论战争这个方面的问题。当时留下的创伤似乎随着时间的推移已经抚平，英国和阿非利卡的定居者似乎和睦地生活在一起。但是，在表面的友好下面，他们的关系实际上并不稳定和轻松。1998年，我从慕尼黑去达沃斯参加世界经济论坛会议。陪伴我的是一个年轻的阿非利卡人，他说他还清楚地记得祖母对他讲述的在集中营里发生的种种悲剧，一想起这些故事，他就觉得愿再打一次英布战争。

在纽伦堡附近的前达豪集中营建有一个纪念馆，纪念当时在这里发生过的一切，可以看到毒气室和火化犹太人尸体的焚尸炉。毒气室看上去平淡无奇，好像普通的浴室，直到你看到将致命毒气注入浴室的喷头。纪念馆里的一些照片显示，囚犯们跟在铜管乐队后面将难友送去处决——真是令人毛骨悚然的幽默。德国人是那么有章法、有系统。他们将一切记录在案，包括他们进行的人类忍受力实验——当然实验品是“劣等的”、非雅利安的犹太人囚犯。照片将一切都摆在我们眼前，一张张痛苦万分的脸扭曲成了怪兽的模样。

纪念馆入口处上方，哲学家乔治·桑塔亚纳的话发人深省：“忘记过去的人，注定会重蹈覆辙。”那些在南非为我们的未来而谈判的人懂得，除非我们承认过去并加以妥善处置，否则过去就可能毁掉我们的未来。

全民遗忘之有害无益，还有另一个显著的原因。选择这条路无异于让种族隔离的受害者再次成为受害者。这意味着否认作为其自我重要部分的那段经历。智利剧作家阿利埃尔·多夫曼写过一个题为《死亡和少妇》（*Death and the Maiden*）的戏。少妇的丈夫刚被任命为国家真相委员会的成员。她正在厨房忙碌的时候，有个人的车抛了锚，进来求助。少妇看不到他，但可以听到他的声音，并认出他就是几年前自己被拘留时折磨和强奸她的那个人。下一幕中那个人被绑了起来，无助地等待她发落。她举枪对着他，真想一枪把他打死，因为他拒不承认他会做出这样的事来，而且不断地找出借口证明自己不在现场。僵持很久之后，他终于承认他就是肇事者，但奇怪的是，她把他放了。他的矢口否认击破了她的心底、她的完整性和她的自我，而这一切都是和她的经历、她的记忆密切相关的。否认颠覆了她的人格。她其实就是她的记忆，犹如一个早老性痴呆症患者不再是那个我们曾经熟悉的同一个人。

我们的民族力图恢复和肯定那些长期被迫缄默不语、被变成了无名氏和边缘人的受害者的尊严和人格。现在，通过真相与和解委员会，他们将有能力叙述自己的故事、唤醒自己的记忆，并在公开的诉说中，使其个性和不可剥夺的人格得到承认。

当听取受害人的证词时，由于我们不是刑事法庭，我们是依据平衡各种可能性来确定事实的。既然立法赋予我们权利，让我们恢复受害者的人性和公民尊严，于是我们允许那些前来作证的人用自己的话讲述自己的故事。我们尽了一切努力来证实这些故事，但我们很快发现，正如宪法法院大法官奥比·萨克斯所指出的，真相也有不同的种类，而且并不相互排斥。既有可验证、可记录的法医鉴定的事实性真相，也有“社会性真相，通过交流、讨论和辩论达成的经验真相”。[1] 个人的真相，即马霍麦德大法官所说的“受伤的记忆的真相”是可以抚平创伤的真相，而真正的法庭则往往可能让许

1　A. 博莱恩（Alex Boraine）与J. 列维（Janet Levy）合编：《一个民族的康复？》（*The Healing of a Nation?*），1995 年。

多没有受过教育、头脑单纯的证人，更加困惑，创痛更深。但是，很多人都可以证明，来到委员会面前陈述对他们都起到了明显的医治功效。我们是在不经意间从科拉多克四人帮成员之一的弟弟那里了解到这一点的。科拉多克四人帮是支持非国大的积极分子，他们离开科拉多克的家到伊丽莎白港参加政治集会，被警察残酷杀害，再也没能回家。那个弟弟在其亲戚到委员会的第一次听证会上作证后，在负有责任的警察坦白并申请赦免之前，对我说："大主教，我们在几个场合向许多人讲过我们的故事，对报纸、电视都讲过。但这是我们讲述后第一次感到卸下了肩上的重担。"

我们国家的谈判者选择了"第三条道路"，避免了纽伦堡审判和一揽子大赦（或全民遗忘）的两个极端。这第三条道路就是赦免具体个人的罪责，以换取对与赦免相关的罪行的完全披露。以可能获得自由之胡萝卜换取真相，而大棒则是已捉拿归案的将面临长期监禁，仍逍遥法外的则面临着被捕、起诉和牢狱。

委员会的重点和大部分工作都和严重违反人权案的受害者及幸存者相关——听取他们的陈述，调查他们的证词，让他们其中一部分人有机会公开讲述他们的故事，起草补偿与和解建议书提交政府。但是，政治家们就大赦达成的协议，使大赦和为处理赦免申请而成立的委员会，成为我们运作的一个关键组成部分。

第三条道路也提出了一些重大问题，例如，这种方法会不会让人觉得可以得到大赦，因而鼓励了犯罪呢？罪犯仅仅抱歉并当众受辱就够了吗？正义怎么办？由于大赦一笔勾销了申请成功的人的民事和刑事责任，那么剥夺受害人向罪犯和国家要求民事赔偿的权利是否公平？

我在后面会谈到这一点，但结束本章时我想指出，有条件大赦的第三条道路符合非洲式 *Weltanschauung*（世界观）的中心特点。这在恩古尼语族中叫 *ubuntu*（乌班图），在索托语中叫 *botho*。是什么驱使这么多人选择了宽恕而不是要求赔偿，选择了宽宏大量而不是复仇呢？

*Ubuntu* 很难用西方语言表达。它表述的是人之为人的精髓。当我们高度赞扬一个人时，我们说"Yu, u nobuntu"，即"嘿，某某人有 *ubuntu*"，意思是说这个人慷慨、好客、友好、体贴和热情。他把自己的所有与他人分享。这也意味着我的人格和他的人格紧紧相连，密不可分。我们绑在一种生活中。我们说："一个人的为人是通过他人表现出来的。"不是"我思即我在"，而是"我之为人因为我有归宿"。我参与，我分享。一个有 ubuntu 的人开朗而乐于助人，他或她肯定别人，不因他人的能干和优秀而感到威胁，因为他或她懂得自己属于一个更大的整体，并由此具备了充分的自信；当其他人被侮辱、被贬损时，当他们被折磨、被压迫或被低人一等地对待时，他或她也会感到这种屈辱。

和谐、友谊和共享都是善行。社会和谐对我们来说是最大的善行。任何颠覆或破坏这一为人神往的善行的事，都应该像躲避瘟疫一样极力避免。气愤、反感、复仇的渴望，甚至于通过恶性竞争获得的胜利，都会侵害这一善行。宽容不只是利他，也是最好的利己形式。使你失去人性的东西必然使我也失去人性。宽容使人们坚韧，使他们在经历种种剥夺其人性的行径后能够生存下来并保持自己的人性。

*Ubuntu* 意味着即使种族隔离的支持者，也是其实施和狂热支持的制度的受害者。无论种族隔离暴行实施者愿意与否，其人性和

遭迫害的人的人性纠缠在一起。在以非人的方式对待他人、给他人施加无以名状的痛苦时，施行者也必然失去了人性。我曾说压迫者人性的损失如果不是超过也绝不亚于被压迫者，而许多白人都认为这不过是那个他们恨之不及、不负责任的图图煽动仇恨的另一个口号。然而，吉米·克鲁格先生谈到史蒂夫·比科之死时令人胆寒的冷言冷语却为我们提供了精彩的例证。他在一次集会上开玩笑说，史蒂夫·比科是死于绝食抗议，这说明他在南非有自由，他如果愿意，就可以自由地把自己饿死。他说史蒂夫·比科的死“让我无动于衷”。你不能不问，能这样随便谈论另一个人类同胞之死的人，他的人性哪里去了？

当肯尼亚迎来自由和独立时，很多人都认为毛毛将发起运动，通过疯狂的复仇把肯尼亚变成白人的坟墓。然而，肯雅塔总统那么受人爱戴，因此他的去世引起了不小的担忧。人们担心肯雅塔之后肯尼亚会变成什么样子。独立后的肯尼亚 *ubuntu* 无所不在。在津巴布韦，经过极为残酷的丛林战后，穆加贝在 1980 年赢得大选前夕，大谈和解、恢复和重建，让众人大为惊异。这也是 *ubuntu* 在起作用。在纳米比亚，当西南非洲人民组织在第一次民主选举中取胜后，努乔马用他迷人的笑脸讨好着每一个人。对白人没有复仇。这是 *ubuntu* 在显形。

当然，情况并非都是如此。20 世纪 60 年代初的比属刚果，*ubuntu* 哪里去了？ 1994 年为什么卢旺达人忘记了 *ubuntu*，而是相互残杀，让可怕的种族杀戮笼罩其美丽的国土？我不知道，只是要说 *ubuntu* 不是一个机械、自动和必然的过程，我们南非人幸运地拥有一批不只是黑人而是各种族的卓越人物。比勒陀利亚的约翰·史密特先生之子死于非国大搞的一次爆炸事件。史密特先生是阿非利卡人，人们大都认为，他一定会对被种族隔离政府称为共产党煽动的恐怖分子满腔愤慨和敌视。当史密特谈到他儿子的死时，他的一番话让人肃然起敬。他说他不气愤，如果气愤，也是针对种族隔离政府的。他相信他儿子的死，为我们从压迫和非正义到民主和正义的过渡作出了贡献。变革的时候到了。

# 第三章　时机已到

为什么南非在此时而非彼时出现了转折呢？

《新约 · 加拉太书》中圣保罗在给新使徒的信中使用了一个妙语："时机已到。"[1] 保罗讲耶稣诞生的时机恰到好处，一切都各就各位，诸种前兆都已具备，一切都在恰当的时刻发生了。提前一点会过早，拖后一点又会太迟，当一切发生时，就只有此刻，没有彼时。

20 世纪 90 年代，自由在最为意想不到的地方爆发了——1989 年柏林墙倒塌，共产主义大厦由于戈尔巴乔夫的改革与开放而受到重创。在其强硬派前任如勃列日涅夫的时代，所有这一切变化都不可能发生；如果当时全球的地缘政治图景没有变化，那么其后的一切要么不可能发生，要么会付出惨重得多的生命代价，造成更大的动荡和不安。

在南非，苏联的瓦解是促成我们多灾多难的国家发生变化的因

---

1 《加拉太书》，4：4。

素之一。种族隔离政权成功地哄骗了轻信和听话的西方，让他们相信南非的确是非洲对抗共产主义的最后堡垒了。到 1990 年，种族隔离政府再没有理由声称必须使用压迫手段消解共产主义的潮流，因为南非的共产主义已经消解。

在这世界和南非历史的关键时刻，我们得到了无限的祝福，德克勒克替代顽固不化的博塔担任了南非总统。1985 年，博塔错失良机，在本该破釜沉舟宣布改革的时候，却把本来是响炮的重要讲话变成了一记蔫炮。很难设想顽固如磐石的博塔会像德克勒克那样，于 1990 年 2 月 2 日在议会宣布让整个世界既震惊又不敢相信的大胆举措：南非的政治进程将实现正常化，解除对政治团体的禁令（1960 年沙佩维尔大屠杀后实行的禁令）；非国大、泛非大和南非共产党将被允许作为合法团体开展活动，南非将努力走出种族隔离不公正和压迫的牢笼。

德克勒克当时的言行为他带来的巨大功绩，是无论如何都无法抹杀的。他在南非的历史上为自己找到了一席之地。无论他这样做出于何种动机，无论我们如何评说他后来的所作所为，我们都应该为他在 1990 年的作为而向他致敬。

我相信，如果他没有做出他已做的一切，我们就会历经许多人预测的、使南非在劫难逃的血腥屠杀。要说服白人社会，让他们接受通过谈判交出其独揽的政权，是需要极大勇气的。很少有选民会拥戴要把政权交给世仇，并以此为政纲的候选人。德克勒克先生当然没有这样直言不讳。他讲的是权利分享，让本来不中听甚至不可思议的事情，变得对选民来说不那么刺耳。他是在拿自己的政治生涯冒险，我们如果不因此赞扬他，就太过失礼了。他本来也许希望通过谈判为白人找到一个位置，使他和追随者得以行使否决权。他也可能希望以三驾马车的方式，轮流当政。但无论怎样，在我们历史的关键时刻，出现了他这个敢于冒险、勇于前进的人物，这就是我们的幸运。

当然，如果他的对手不能够顺应时代的挑战，这一切也毫无意义。如果德克勒克先生遭遇的是一个身陷囹圄、满腔仇恨、誓死复仇的人，他很可能不会宣布其改革计划。幸而他遇到的是被造就成有良知和卓越品质的人。纳尔逊·曼德拉在狱中赢得了无比的声望，以至许多人担心如此圣人只会让那些对他崇拜得五体投地的人大失所望。实际上，有传言说其运动内部已有人策划谋杀他，因为他们害怕整个世界会因为他不能与形象相符而深深失望。他们担心，非国大可能失去因整个世界为其狱中领袖勾画的高于生活的形象而赢得的巨大国际支持。

我们没必要担心。德克勒克先生遇到的不是一个一心复仇，誓死让白人以血还血、以牙还牙的人。他看到的是一个有着高风亮节、宽宏大量的人，是一个渴望献身于让种族隔离、不公正和种族主义苦痛离间了的人们实现和解的人。纳尔逊·曼德拉出狱时不是满口声言仇恨和复仇的人。他成了和解与宽容的英雄化身，让我们所有人惊异不已。谁也不会因为他大谈和解与宽容而指责他。被捕前他就受过长期骚扰，无法过正常的生活，1990 年 2 月 11 日被释放出来之前，他已在监狱度过 27 个春秋。谁也不能说他不懂得何谓痛苦。

在一张著名的照片里，他在罗本岛和沃尔特·西苏鲁以及背景中的其他人，坐成一行，在庭院里敲石头。这种完全徒劳的苦役，可以以其毫无意义而毁掉意志稍弱的人。我们也知道，他的视力因在采石场做苦役暴露在强光之下而受到严重损伤。一切手段都用上了，就为摧毁他的意志，让他充满仇恨。但是，制度灰溜溜地败下阵来。他再次出现时，仍是完整的人。

说这27年纯粹是令人痛心的浪费并不难：想想他本来可以为南非、为世界作出多少贡献啊！但我不这样认为。这27年和其中的种种苦难是淬炼钢铁、去芜存菁的熔炉。或许没有这种痛苦，他还不能像现在这样激情满怀、胸襟博大。痛苦和其他因素一起让他获得了其他任何方式都无法赋予的权力和威信。一个真正的领袖必须有机会向他或她的追随者表明，他或她的整个事业不是为了个人的功名，而是为了他人的利益。而最具说服力的莫过于痛苦。

外人很容易认为，既然曼德拉是这样一个举世瞩目的道德巨人，他只消说句话就能让众人蜂拥相随。这是错估了非国大的性质和他作为党员的无比忠诚。非国大和其他类似的政治集团一样，其实是不同政治、哲学、主张、观点的大联盟。它1912年成立，团结了一大批非洲人领袖，联合抵制新成立的南非联邦对他们在政治上的排斥以及白人联邦政府对黑人控制的扩张。在整个斗争历程中，党内始终存在着各色人物、各种派别和组织，从坚定的马克思主义者到彻底的自由主义者，无所不包。有一声令下便会冲向巴士底狱的土耳其青年，也有老成持重、温文尔雅的学者。1990年解除党禁时，其领导人是奥利弗·坦博，他为团结处于流放期间的运动成员作出了卓越贡献。他和其他领袖人物必须把大家凝聚在一个组织里，他们中既有流放者和在南非境内的地下积极分子，也有刚从多年的监禁中放出来的囚徒。能把这样一个由各路英雄组成，而且以协商一致即所谓“接受使命”为信条的党聚拢在一起，的确是了不起的功绩。看到人们如此认真地对待参与式的运作，对他们中间最不起眼的小人物的意见也给予同样的重视，的确令人欣慰。但是，这也可能妨碍主动性，使整个组织不得不迁就最为迟缓的人的步调。(我渐渐认为，曼德拉先生对党的忠诚的确可嘉，但是有些过分，并成为他的主要弱点。他一般不愿在党内未达成协商一致之前采取行动，他们在狱中就是这样运作的，在狱外他也要照旧如此。这使他在内阁中甚至保留了被公认为是榆木疙瘩的人物。也许他担心自己出身贵族，容易倨傲武断，因而努力避免表现得独断专行。)

在这样的一个政党内，不可能保证心平气和地就所有问题达成一致。在经历了如此深重的苦难后，所有党员能够同意违反人权的罪犯可以免予起诉、逃脱严惩，这显然不是自动的行为。非国大甚至在究竟要不要谈判的问题上都必须认真决策。许多年轻党员常常头脑发热，极易迎合同龄人的愤怒情绪。我记得真相与和解委员会指控博塔先生蔑视传票，拒不到庭。一天，一个场场审判必到的年轻人在午间休息时对我说："大主教，这个老头［指博塔］该送进监狱，哪怕几天也行。"当我反对说博塔年事已高时，他反驳道："他应该感受一下我们的领导人经历的一切。再说，他们不是也关押了奥斯卡·姆佩塔吗！"(姆佩塔先生是西开普的一个领导人，尽管他当时已 80 多岁高龄且患有糖尿病，但还是被拘留了。)

还有其他政治组织力图表现得比非国大更为激进，反对任何与"敌人"谈判的建议，并视此为软弱的标志。泛非大及其武装组织阿扎尼亚人民解放军甚至在谈判进行期间仍在坚持武装斗争。非国大内部也有人对此表示同情。曼德拉必须和所有这些人进行竞争。

他需要极大的政治勇气、技巧和权威，才能领导其组织与他同行。幸运的是，他和其他领导人都认为应该走这条路。曼德拉先生也得到了党内对年轻党员具有号召力的一些激进分子的帮助和支持。例如，颇受尊敬的共产党总书记乔·斯洛沃就坚决支持整个谈判、妥协与和解的进程。他为说服狂热分子接受所谓"夕阳条款"，保证前政权的政府官员或公务员在过渡时期不失去工作，作出了主要贡献。只有具备斯洛沃这种威望的人，才能说服那些想要惩罚种族隔离仆从的人接受这一妥协方案。毫无疑问，贯穿于整个谈判过程的这种精神正是来自非国大一方。

在历史性大选前夕被暗杀的克里斯·哈尼，在城镇的激进青年心目中享有不可撼动的地位。他曾是非国大武装组织“民族之矛”的领导人之一，并接替斯洛沃担任了共产党总书记。因此，他有无可指摘的威信，大部分年轻人对他一呼百应。作为一个搞军事的人，如果选择对抗谈判进程、与希望继续武装斗争的人站在一边，他本可以把很多人吸引到自己周围。相反，他以自身的威望，走遍全国，敦促年轻人今后成为“和平战士”，并得到了积极的响应。

在南非历史的紧要关头，我们幸运地看到，种族界限的两边都有出色的领导人，他们为促进和平、宽容与和解，将自己的政治生涯和生命都置之度外。我在访问非洲和世界其他地区同样在经历冲突或处理冲突与压迫的遗留问题的国家时，他们几乎无不叹息他们没有具备曼德拉的境界、勇气、地位和眼光的领导人，也没有像德克勒克那样有勇气和理智退出舞台的人。

纳尔逊·曼德拉的确是非国大致力于和平与和解的光辉化身，但他不是唯一的一个。还有一些较为年轻、知名度较小的人，同样经历过种族隔离的梦魇，同样也从痛苦中解脱了出来，寻求为受伤和分裂的民族抚平创伤，而不是报复仇敌。例如，帕特里克·“恐怖”·雷克塔和波波·莫雷夫就是政治屏幕上冉冉升起的新星。他们曾是历时最长的、以审判所在地东兰特的一个小镇命名的所谓德尔马斯叛国案的被告。两人都蹲过一段监狱，并在罗本岛结识了曼德拉这样的传奇人物。两人又都当选为新南非的省总理，“恐怖”

和另一位省总理多齐奥·塞克斯瓦里都对我们主教团热情赞扬教会在南非，特别是在教育上所起的作用。他们说，他们致力于和解，是因为看到并受到了基督教会的影响。

当民主到来时，波波·莫雷夫成为西北省的总理。不久，他在省会组织了一次集会，感谢教会理事会和其他人在德尔马斯审判期间给予的支持。前美国驻联合国大使安德鲁·扬到场，并和我在主桌相邻而坐。他说，他问波波坐在总理旁边，并作为接受礼物的人之一的那位白人是谁。扬说当波波告诉他答案时，他几乎惊呆了："他就是审判我们的法官。"

显然，教会为在我们国土上正在发生的一切作出了贡献，当然其过程和牧师队伍也难免良莠不齐。可以认为，如果没有这种影响，事情会有所不同。在我们斗争最艰难的时刻，当大部分领袖要么身陷囹圄，要么被流放或软禁的时候，教会领袖被推到了斗争的最前线，并为教会赢得了特殊的威望——在人们受难的地方，出现的是荷兰新教教会的前领袖阿兰·博萨克，南非教会理事会秘书长弗兰克·契卡尼，循道宗教会前首领彼得·斯多利，阿非利卡公会最为著名的持不同政见者、南非教会理事会的另一秘书长贝叶尔·纳武德，德班罗马天主教前大主教德尼斯·赫尔利以及其他一些宗教的领袖。因此，当他们宣讲宽容与和解的时候，人们都在洗耳恭听，这也是他们赢得的荣耀。

现任司法部长杜拉赫·奥马尔宣布了成立真相与和解委员会的法令。我还记得他曾为种族隔离的反对者担任辩护律师。他取得了伦敦大学奖学金，但就在临行之前却被取消了护照，令他伤心欲绝。更有甚者，根据后来披露出来的情况，他已被南非政府的一个打击小组列入死亡黑名单。他们曾偷换他的心脏病药品，企图让他误食而死。他指导议会通过的立法将可以使企图谋害他的人申请大赦。

正是非国大的一个成员，西开普大学人权法教授卡德尔·阿斯马尔在他任教后的第一节课上，提出南非不应该寻求纽伦堡式的审判，而应该成立真相与和解委员会。非国大为委员会的成立铺平了道路。为处理对其阵营内部在南非境外的暴行指控，它采取了一个解放运动前所未有的举动。非国大成立了至少三个调查委员会，其领导为揭露出来的迫害行为承担了责任，并公开道歉。

因此，在经过长期艰难谈判产生了将我们引向民主的临时宪法后，这一历史性文件中能够包含一篇附言，作为真相与和解委员会的宪法指南，也就不足为奇了。

**民族团结与和解**

本宪法将在一个以斗争、冲突、无以言状的痛苦和不公正为特征的深刻分裂的社会的过去，和一个建立在承认人权、民主、和平相处以及不论肤色、种族、阶级、信仰和性别而使每个南非人都有发展机会的未来之间，建立一座历史的桥梁。对民族团结的追求，全体南非人民的幸福与和平，要求南非人民实现和解，重建社会。

本宪法的通过，将奠定一个稳定的基础，使南非人民超越引起过严重违反人权行为、在暴力冲突中践踏人道主义原则并遗留下仇恨、恐惧、悔疚和复仇的分裂而紧张的过去。现在可以提出这一切的基础是，我们需要理解，不是复仇；是补偿，不是报复；是乌班图精神，不是牺牲。

为了促进和解与重建，对与政治目的相关以及在过去冲突过程中发生的作为与不作为及犯罪，将予以大赦。为此，议会将根据本宪法通过法律确定一个明确的分界日……并提供该法律通过后实施大赦的机制、标准和程序。

# 第四章　何谓正义？

一个人犯下滔天大罪，仅仅坦白自己的所作所为，就可以万事大吉，这究竟对不对？持批评意见的人说得是否有道理？真相与和解委员会的进程不道德吗？委员会的建立所依据的《促进民族团结与和解法案》甚至没有要求申请人表示任何悔悟或自责。获得大赦的条件仅仅是：

- 请求予以大赦的行为，必须发生在1960年沙佩维尔大屠杀和1994年曼德拉当选为南非第一任民主选举的国家首脑之间。
- 行为必须具有政治动机。出于个人贪婪而杀人的罪犯没有资格申请；但如果行为是执行或代表一个政治组织的命令，如前种族隔离政府及其附属班图斯坦黑人家园，或一个公认的解放运动如非国大或泛非大，则罪犯有资格提出申请。
- 申请人必须如实披露所有与寻求大赦行为相关的事实。

- 必须遵守适配原则，即手段应与目的相适应。

法律规定，如果上述条件具备，就可给予大赦。受害者有权表明这些条件没有达到，反对大赦申请，但没有对大赦的否决权。

后来我们意识到，立法时没有将忏悔作为大赦的条件之一，比我们当初的想法要高明。如果有这一要求，那么满口道歉和忏悔的申请人可能被认为是在装模作样，而严肃死板的申请人则会被指责为冷酷无情、毫无悔意。这样只能于事无功。实际上，大部分申请人都表示了悔悟，并请求受害者宽恕。至于请求是否出于真诚的愧疚，回答永远莫衷一是。

那么，大赦是否损害了正义的伸张呢？这不是什么无所谓的问题，而是严肃的事，关系到整个真相与和解进程的正当性。

根据法案要求，如果犯罪行为是严重违反人权的行为，即定义为绑架、杀害、酷刑或严重虐待的行为，申请就必须通过公开听证予以处理，除非这种方式可能妨碍司法（例如，证人受到威胁，不能公开作证）。实际上，几乎所有向委员会提出的重要申请都是在电视聚光灯下公开审理的。因此，罪犯也经受了公开亮相和受辱的考验。许多出来坦白的安全部队成员过去曾备受尊重。周围的人，甚至其家人，常常是第一次听到原来他们是死亡小组的成员或对监禁的犯人屡施酷刑的人。对有些人来说，这是残酷的打击，婚姻因此破裂。这的确是不小的代价。

南非广播公司负责报道真相与和解委员会的广播小组，收到一个自称海伦娜的妇女的来信（她希望匿名，以防报复）。她住在东部省份的姆普马兰加。公司广播了来信的大部分节选内容：

我那时还是东自由州一个生活在农场上的十几岁的女孩子。18岁时，我遇到了一个20多岁的小伙子。他在高级安全机构中工作。美好的恋爱就这样开始了，我们甚至还谈到了结婚。他是那么生气勃勃、精力充沛，那么聪明睿智。他虽然是英国后裔，但“布尔”阿非利卡人都喜欢他。我的所有女伴都对我羡慕不已。后来有一天，他说他要“出趟门”。“我们不会再见面了……可能永远见不到了。”我伤心欲绝，他也一样。我草草和他人结婚，但很快就破裂了，因为我结婚就是为了忘却。一年多前，我通过一个女友再次见到了我的初恋情人，这才第一次知道他到国外参加了行动，并打算申请大赦。当我看到曾经高大英俊的人变成了现在的这副形骸，心中充满无法言喻的苦痛。他只有一个愿望——必须说出真相。大赦无关紧要，它不过是通向真相的途径。

婚姻失败后，我又遇到了一个警察。他虽比不上我的第一个恋人，但也非常出色、非常特别，也是一个生气勃勃和可爱的人。他幽默，爱唠叨，凡事有板有眼。后来他说，他和我们的三个朋友得到提升。“我们要调到一个特殊部门。现在，我的宝贝，我们是真正的警察了！”我们欣喜若狂，甚至庆祝了一番。他和朋友常常来看我，有时甚至住上一段。但他们会突然变得焦躁不安，冷不丁地说一声那可怕的“出趟门”，便开车走了。我……这个爱他的人……只能在焦虑和失眠中度日，担心着他们的安全，揣测着他们的所在。我们只能安慰自己：“不知者心静。”我们这些亲人所了解的……只是我们能亲眼看到的。进入特别部队三年后，地狱般的生活终于降临到我们头上。他开始变得沉默寡言，内向偏执，有时干脆用双手捂着脸抖个不停。我意识到他开始酗酒了。深夜，他不休息，却从这个窗户到那个窗户来回踱步。他想要掩饰无法遏制的内心恐惧，但我还是看出来了。一天凌晨两点到两点半之间，我被他急促的喘息声惊醒。他在床上滚着，脸色煞白。闷热的夜晚他却一身冷汗，浑身冰凉。他目光迷茫，又像死人一样呆滞。还有那不停的颤抖、可怕的呕吐和从他灵魂深处迸发出的恐惧和痛苦的尖叫，令人不寒而栗。有时，他一动不动地坐着发呆。我从未搞清楚、从来不知道这每次“出门”他都强咽下了什么。我就像生活在地狱中。祈祷吧，祈求吧：“上帝啊！究竟出了什么事？他到底怎么了？他怎么能变得这么厉害？他是不是疯了？我再也受不了他了，可是我又无法脱身。如果我离开他，他会像鬼魂一样缠我一辈子。为什么呀，上帝？”

今天我找到了所有问题令我心痛的答案。我知道了一切的开端和背景，知道了那些“在上边的人”的作用，那些“小集团”和“我们的人”不过是执行他们命令的“秃鹫”。而今他们却都撣撣手好像无辜者，抗拒着真相委员会的现实。是的，我和我的杀人犯站在了一起，他让我和白人的老南非安然入睡，而那些“上边的人”又在为秃鹫寻找下一个需要“永远从社会上根除掉”的目标了。

我终于搞清了这场斗争究竟是为了什么。如果我被剥夺了一切，如果我的生活、我孩子和父母的生活被法律窒息，如果我只能看着白人尽管已得到最好的，但还要更好的而且得到了，我也会斗争的。我羡慕并尊敬斗争的人们——至少他们的领袖有勇气站在他们的秃鹫一边，承认他们的牺牲。可我们靠谁呢？我们的领袖都过于神圣和清白。没有心肝。德克勒克先生说他不知道，我可以理解，可是该死的一定有一个小集团、一个还活着的人是这一切行动、一切“上边的命令”的元凶。该死！这种不正常的生活，不是违反人权又是什么？精神杀害比血肉模糊的肉体杀害更没有人道。我希望我能把旧南非从每个人的过去抹掉。我要用我那被毁了的秃鹫的话结束我的故事。一天夜里，他对我说：“他们可以一千次地赦免我。即使上帝和所有的人都一千次地赦免了我，我也得生活在这个地狱中。问题出在我的脑子里，我的良心里。只有一种办法可以解脱，崩了我自己的脑袋，因为那儿有我的地狱。”

海伦娜

此外，不应认为给予大赦是鼓励有罪不罚，让罪犯完全逃脱其行为后果，因为大赦只给那些承认有罪并为其行为承担责任的人。大赦涉及的不是无辜的人，也不是自称无辜的人。正是出于这个原因，参与杀害史蒂夫·比科的警察尽管申请大赦，但被驳回。他们否认自己犯了罪，声称毒打他是为了反击他无缘无故发起的攻击。

因此，整个进程鼓励的是承担责任，而非相反。它支持的是尊重人权的新文化和承认责任、承担责任，新民主制度希望以此为其特点。还应注意到，大赦条款是为特定目的进行的临时性安排。南非的司法不会永远照此办理。它只适用于有限时期的特定目的。

另外，在惩罚性司法中，毫无人情味的国家在施行惩罚时几乎不为受害者，更不要说为罪犯着想，但这并不是唯一的司法形式。我认为还有另一种司法，即作为非洲传统法学特点的恢复性司法。它关注的重点不在报复或惩罚，而是本着乌班图精神，疗治创伤、恢复平衡、复原破裂的关系。这种司法力图救助的不仅有受害者，也有罪犯，他们应该得到机会重新融入因其行为而被伤害的社会中。这种方式将犯罪行为视为发生于人们身上的事情，其结果是关系的破裂，因而更富人情味。我们可以说，司法，恢复性司法，是在寻求抚慰、宽容与和解中伸张正义的。

一旦符合法案规定的条件，大赦立即生效，罪犯的刑事和民事责任，连同国家对公职人员的责任，同时一笔勾销。大赦产生的是好像犯罪行为从未发生过的效果，因为犯罪行为的法庭记录将是白板，一张白纸。这意味着受害者失去向罪犯索取民事赔偿的权利。要求受害者付出如此代价的确过分，但是使我们从压迫到民主实现较和平过渡的谈判者认为，这是我们的民族必须要求受害者付出的代价。

我们的自由代价高昂。但要正确计算这一代价，我们应该比较一下我们所享受的高度稳定和前苏联在进行类似的变革时经历的剧烈动荡和骚乱，更不要说前南斯拉夫的可怕屠杀和不稳定了。国际社会正在追究前南斯拉夫一些人的滔天战争罪行。大部分种族隔离制度下违反人权行为的受害者，都有其默认的代表为他们讲话。考虑到当时的形势和现实，他们一般都会接受其代表作出的决定，认为那应该是达到其愿望的最好决定了。

1999 年 1 月，我在耶路撒冷的一个犹太教堂向很多人介绍真相与和解委员会。像其他类似的集会一样，有人情绪激动地对我说司法有其道德要求，而我们的进程损害了这一点。他强烈认为（我猜想，那里和其他地方的大部分人也同意他的观点），从道义上讲，这样的安排只能由受害者本身作出，而不能是别人，无论其动机如何崇高。我希望我当时在这一点上给予了令他满意的回答，即那些为实现和平过渡而进行谈判的人，在解放运动的代表团中有人自身便是邪恶的种族主义的受害者。许多人曾被拘留、骚扰、监禁、拷打和流放，而这一切发生之前，他们都遭受过各种形式的种族隔离的不公和压迫。他们可凭亲身经历讲话。例如，直到难以忘怀的1994年4月，他们所有人都被剥夺了选举权：直到那一天，他们从未在生身的祖国投过一次票。他们遭受过极不公正的通行证法的侮辱，看到自己的人民流离失所，像垃圾一样被大规模强制迁徙计划扔掉，无数人受到极大的伤害。因此，我可以向那位提问的犹太人保证，谈判者并非自以为是，而是在诉说他们和亲人的亲身经历。

大选结果揭晓时，这些谈判者不仅没有被指责未能反映选民的意见和态度，反而得到了广泛支持，赢得了大选的压倒性胜利，使非国大执掌了民族团结政府。同样是这些人——现在已是当选的代表——给我们带来了新宪法，并根据宪法通过法案，建立了真相与和解委员会。这不是什么理想主义新星的杰作，而是老成务实的政治家的功绩。他们常常眼睛盯着下一次大选，一般不会做出疏远选民、让自己下台的事。这些政治家是在曼德拉和他的继任者姆贝基的领导下运作的。如果他们在法案上的行动有悖选民的情感，这早就该反映在民意测验中。真相与和解进程进行三年后，历经无数引起争议的大赦决定，在对政治领袖的民意调查中，曼德拉仍赢得了80%的高分，姆贝基则为70%。（他们最强的对手仅得30%。）这说明，尽管选民因为压迫时期之后的第一届新政府未能兑现其全部承诺，自然会感到失望，但是非国大仍然得到了认可。最近，支持建立委员会的政党在1999年的大选中赢得了90%的选民。用我在伦敦国王学院的老师一句令人难忘的话来说，“这样断言不无道理”，即那些参与谈判并建立了真相与和解委员会的人，实际上完全有资格代表受害者而且得到了认可。

当他们接受受害者必须不仅放弃其刑事诉讼权利，而且要放弃民事赔偿要求的权利，才能达到我们今天的局面的时候，他们可以说自己是以受害者的身份这样做的。形成这一立场并非轻而易举。这曾引起过极大的愤怒，但是显然，即使是民事赔偿，如果申请大赦的人知道尽管他们将免于刑事责任，但逃不了民事责任，很可能他们根本不会提出申请了。把他们吸引到真相与和解委员会面前的胡萝卜的魅力将大打折扣。可以说，如果不如此办理，更多的人会因此而冒可能被起诉的风险（就像马兰将军及其同案犯被无罪释放后许多人的行动一样），因为他们知道，他们曾经发誓保守秘密或与同党串通提供伪证，其罪行的内幕仍然是个秘密。找到的解决方案并不完美，但却是当时形势下的最佳选择，即以真相换取罪犯的自由。

取消受害者要求民事补偿的权利，就产生了赔偿的问题。委员会在这方面的工作常常为人忽视，但对建立和解的进程确是相当关键的。正如我们在《报告》中所说：

> 没有足够的赔偿和复原措施，无论个人还是社会都不可能抚平创伤、实现和解……此外……赔偿是大赦的重要平衡。大赦的实施剥夺了受害者对罪犯提起民事诉讼的权利，因此政府应承担赔偿的责任。

马霍麦德大法官在宪法法院的判决中清晰而雄辩地指出，“细致入微的针对每个人的赔偿”，要比让有可能胜诉的少数受害者对国家提起民事诉讼，对于解决种族隔离制度遗留问题将是更具创新性的方式：

那些基本人权被酷刑和迫害所践踏的人的家庭，不是唯一忍受许多人必须长期忍受的非人性种族隔离造成的“不可名状的痛苦和不公正”的人。多少代已经出生和即将出生的孩子，将遭受种族隔离制度造成并延续的、影响了无数人生活的贫困、营养不良、无家可归、文盲和能力的丧失。国家既没有资金也没有能力将一切扭转过来。我们需要付出多年的决心、理智和努力，才能“重建我们的社会”，让得到了真正成长机会的新一代实现他们的正当梦想。过去的几代人首先被种族隔离的实施，在这一制度死亡后又被其无情的后果，剥夺了梦想和机会。国家的资源必须创新、明智、有效和公平地加以利用，以促进重建进程，最大限度地给最广大的人民带来救助和希望，为整个民族的利益开发每一个人，包括那些直接或间接地为我们的种族主义过去背负耻辱或痛苦的人的内在潜力。

宪法的谈判者和民族的领导人要解决这些棘手的问题，不得不作出艰难的抉择。他们可以选择首先将国家的有限资金，用来赔偿那些遭受过国家公职人员谋杀、酷刑或殴打的人，与此同时挤掉本可用在诸如教育、住房和基本医疗这些关键领域所急需的资金。他们有权对问题所涉及的各种不同需求排定轻重缓急的顺序，可以决定将国家的民事赔偿责任加以限定，把那些……（发生时间过于久远、已无权要求赔偿的案件）和那些发生在最近、不能以法定期限进行限制的案件区分开来。他们也有权说这种方法没有道理而拒绝采纳。他们可以选择让国家背上保险公司赔偿要求的重负，因为这些公

> 司为国家公务员的民事行为进行过机构赔偿，这样又会把急需的资金从为饥饿的人提供食品、为无家可归的人提供住房、为争着挤进已经超员的学校的孩子提供黑板和书桌这些方面挪走。他们有权决定把这些学童、穷人和无家可归的人的需要放在首位。
>
> 宪法制定者所领导的大选，使议会赞成“社会的重建”，并在此进程中运用广义的“赔偿”概念，使国家既能够考虑到各项事业对其资金的竞争，又可顾及在过去的冲突中人权遭到侵犯的个人和家庭的“无可名状的痛苦”。有时给予这些家庭的最大赔偿，莫过于通过助学金或奖学金帮助他们的孩子最大限度地开发自身潜力；在其他情况下，最有效的赔偿可能是职业培训和恢复工作能力；有些人可能需要复杂的外科手术和医疗救助，另一些人可能需要住房补贴，以便不被从他们已经无法维持的住房中赶出来；在某些情况下，为故去的人竖起墓碑、公开表彰他或她的高尚和英勇，可能是对受伤的心的最大慰藉。即使两个人在同样的非法行为中遭受了同样的损失，对他们的赔偿也可能在形式和性质上有所区别，因为他们现在一个收益丰厚，另一个则生活拮据。[1]

法律以及委员会提交给曼德拉总统的建议均作出规定，给法案认定的受害者以赔偿。委员会委员尽量避免使用“补偿”这个字。我们认为，任何人、任何方式都无法对丈夫、父亲、一家之主遭到残酷杀害的家庭进行补偿。这种损失造成的伤害是无法计算的。此

1 南非宪法法院，案卷 CCT 117/96 号（1996 年 7 月 25 日）。

外，如果我们给予补偿，那么是不是所有受害者，无论其受害的情形有多么的不同，都应该得到同样的补偿呢？因此，我们向总统和议会建议，应该给认定的受害者相当可观的赔偿金，但必须说明这笔钱更多是象征性的，而不是实质性的补偿。国家实际在向受害者说："我们承认你们的权利受到了严重践踏。没有什么能替代你们的亲人。但作为一个民族，我们说，我们非常抱歉，我们把你们的伤口揭开，希望能够清理干净；这些赔偿如同药膏，敷在伤口帮助愈合。"

法案要求据此建立起来的真相与和解委员会必须"对受害者友善"，以恢复受害者作为人和公民的尊严。但它的一个重大缺陷在于，罪犯的申请一旦批准立即给予大赦，而委员会要到进程开始几年后向总统递交《报告》的时候才能就受害者的问题提出建议。总统同意后，再把意见提交议会；然后议会建立一个特别委员会讨论这些建议。议会通过委员会的建议后，受害者才有希望得到赔偿。可惜这个过程非常漫长，结果真相委员会成立后的三年内没有批准一项赔偿，而罪犯却一个接一个得到大赦。我们不难理解找到委员会的受害者的不满和怨气，也可以理解有些人对委员会的激烈批评和讽刺挖苦，说我们宣传的"对受害者友善"实际是对罪犯友善。

我们委员会也对法律的这个方面表示了不满。结果，在 1998 年 10 月 29 日向总统提交《报告》的时候，20 万名左右真相与和解委员会认定的受害者得到了所谓的"紧急过渡救济款"。这笔紧急救济标准统一，一般每个受害者最多得到 2000 兰特（330 美元）。

除紧急救济外，我们在《报告》中还建议，国家应该支付"个人赔偿金"。我们希望，所有受害者最终都可以得到每年 23000 兰特（3830 美元）、持续 6 年的赔偿金。我们估计国家总计要支付 29 亿兰特（4.77 亿美元）。撰写本书时，政府共拨出相当于此数五分之一的预算，分三年支付。

我们的个人赔偿金建议引起了几个问题。能不能给痛苦设定一个价钱？在国家金库紧张的情况下，国家是否能支付得起这笔钱？如果种族隔离本身如五位高级大法官所谴责的那样，是对人权的严重违反，是对人类的犯罪，那么是不是每一个遭受这一邪恶制度之苦的人都应被认定是受害者呢？这一切中的公平何在？那些被强制迁徙的人怎么办？还有那些因为接受劣等教育而终生受损的人、那些由于种族原因没有得到足够的资金而罹患本来很容易预防的疾病的人，怎么办？我们根本列举不完。

委员会中没有人怀疑，法律在限定违反人权行为的含义时，是有一定武断性的。但是，立法部门显然感到有必要将处理的问题控制在可以应付的范围之内。赔偿本可以追溯到远远早于 1960 年的时期，比如到 1948 年，即国民党首次掌权，开始进行疯狂的种族主义立法，试图通过有系统地剥夺大部分南非人的基本人权，使他们在自己的国土上沦为二等公民的时候。然而，我认为议会的决定是极为明智的，为我们完成任务提供了一个合理的机会。它也保证了避免整个国家长期被处理过去之事牵扯精力，不得脱身，最终影响和平过渡进程。

我们也根据同样的道理向政府建议，应实行我们所说的受害者"封闭式名单"，只有向委员会提出申请的受害者，才有资格得到赔偿金。我们指出，大规模宣传活动已经使人们了解自己有作证的机会，而得到赔偿的人应该是那些确实作过证或者提交了陈述的人。如果在无法估计究竟有多少受害者的情况下政府就承诺给予赔偿金，局面可能难以收拾。

任何人都没有对赔偿的重要意义抱任何幻想。司法部长杜拉赫·奥马尔领导了真相与和解委员会的工作。他在我们提交《报告》后的辩论中正确指出，我们是一个受害者的民族，但更重要的是，我们是一个幸存者的民族。他还建议考虑给予集体赔偿，因为有时受到更大伤害的不是个人而是群体。大部分理智的人都会同意他的观点，但是我坚持认为，应尽一切可能保证有权得到个人赔偿的人不被遗漏。毕竟，他们已经放弃了损害赔偿的诉讼权利，不能让他们再作出过分的牺牲了。

我们委员会的人往往对来到我们面前的人备感惭愧，因为他们的期望和要求常常是那么谦卑。"我能不能给我的孩子立块墓碑？""委员会能不能帮忙找到我儿子的尸骨，哪怕是一块骨头，让我们为他安葬？""能不能帮我让我的孩子上学？"如果我们让他们失望，连这些可怜的要求都不能满足，那该是多么悲哀的事。我们深知政府资金承受的压力，但必须作出令人痛苦的艰难选择。

委员会也建议用倒下的英雄命名街道和学校，修建具有纪念意义的公共设施，如诊所、社区中心和娱乐场所。现在这一切已经开始。我们还认为应该建立纪念碑和纪念堂，缅怀为我们带来自由的人们。这些建筑应尽量具有包容性，应帮助我们积极地而不是怀恨地记取过去；纪念堂不应离间我们中的一些人，而应促进恢复与和解的进程；应该让记忆在我们忍受了旨在分裂我们、散播敌意与不合的一切后，把我们紧紧联系在一起。我希望当我们发现我们的确是一个五彩缤纷的国度时，我们能学会庆祝让我们团聚一堂的时刻和事件，庆祝历史性的大选、曼德拉就任总统或是我们在世界杯或非洲国家杯足球赛中的胜利。

# 第五章　开始行动

1995 年 9 月，我以为可以作为大主教退休了，但是在我参加的倒数第二次主教会议上，我得到提交给总统的、担任真相与和解委员会成员的一致提名。我是从最初的 200 人缩减到 45 人的候选人之一。我们在南非的几个中心进行的听证会上，接受了多党小组的面谈。小组把 25 个名字提交给总统，总统经与民族团结政府内阁商榷后，选择其中 17 人组成了真相与和解委员会。我被任命担任主席，埃里克斯 · 伯莱恩（Alex Boraine）博士担任副主席。

既然总统发话，下面的人便没有什么选择了。谁会对曼德拉说“不”呢？我等待已久的喘息告吹了。在此后的三年中，我们将投身委员会既令人心碎又催人振奋的工作，聆听对滔天罪行的可怕陈述，又为我们同胞表现出的非同寻常的宽容精神而振奋不已。这的确是难得的殊荣。

总统在 1995 年 12 月 15 日的《政府简报》中宣布了委员会的成立，第二天，即 12 月 16 日，我们就召开了第一次会议。如果有人要寻找什么征兆的话，那么我们能在今天叫做和解日的公共假日聚集一堂，的确是个好兆头。这个假日经过了有趣的演变过程。它曾经被叫做丁干日（Dingaan’s Day），但不是为了纪念同名的祖鲁国王，而是带有沙文主义色彩地纪念一小撮阿非利卡殖民者的侥幸胜利。19 世纪 30 年代，他们被英国似乎要平等对待“本地人”和白人的政策激怒，愤愤不平地离开了开普。他们取道后来被称为“非常之路”（Great Trek）的小径，想象自己在重演上帝的选民出埃及的大逃亡。他们是上帝的新的选民，逃脱的是英帝国主义的枷锁。1883 年，Voortrekker 人的一支小队伍在开始与祖鲁军团的战役前，疯狂地祈求上帝在随后敌众我寡的战斗中给他们佑福。他们还在盟约中发誓，如果上帝保佑他们战胜了当地蒙昧的乌合之众，他们和子孙后代都会庄严纪念这个日子。他们采用新战术，将篷车围成一圈，如同流动的堡垒——laager——他们可以藏身其后，赶跑敌人。奇迹发生了。上帝被他们的祈祷感召，他们以决定性的胜利打败了强大得多的敌人。从此之后，阿非利卡人便开始庆祝他们在 12 月 16 日血河之战中取得的胜利。他们认为，这一胜利清楚表明他们跟那些异教徒黑人相比，是高出一筹的。这一公共假日变得臭名昭著，南非黑人都害怕丁干日的降临。我还记得小时候大人吓唬我们说，如果在那一天离开贫民窟到白人的镇上去就会发生可怕的事。实际上大部分黑人在那一天都像躲避瘟疫一样避免进城。常常可以听到有些不听劝告的愣头青，如何被打、被嘲弄和被谩骂的令人毛发倒竖的事情。据说有的黑人的山羊胡简直就是从脸上被连根扯掉的，因为白人认为山羊胡子是殖民者的典型特征，不能容忍黑人这样仿效他的主子。

这样一个帮派的、沙文主义的假日居然叫做丁干日，真是荒唐至极，纪念的倒像是那个祖鲁国王，而不是他的败仗。因此，国民党政府将节日更名为盟约日。当时政府正引诱祖鲁人接受班图斯坦黑人家园的政策，重揭祖鲁人败仗的旧伤被认为是不明智的。根据这一政策，黑人在按部落画地为界的小国内享受自治，自封的独立在这个世界上除了南非及其卫星国外再无人承认。在这种天方夜谭式的情境中，南非黑人将在生养自己的土地上变成外人，无法在南非要求自己的政治权利。这一政策被国民党大肆宣扬为南非参与非殖民化的新进程、帮助人民取得民族独立的举措，而实际上仍是分而治之的老政策，鼓励部落主义，阻挠将南非黑人作为非洲人而不是各个不同部落的成员团结起来的运动。白人至上论者无论何等愚蠢和不道德的事都愿意做。

节日更名后的庆祝活动以宗教为重点，即作为宗教仪式永远纪念殖民者在上帝赐予胜利的大战前夜向上帝许下的诺言。这一新的含义，使我们又向促进创伤的愈合、和解及承认南非迈进了一小步，用 1955 年解放运动通过的《自由宪章》的话来说，这个南非“属于生活在南非的所有人”。

这个节日逐渐体现了真相与和解委员会的思想，即越来越多的南非人将找到他们的共同点，它将把一个多样的民族凝聚在一起，它将是包容性的而不是帮派性的，它也不会通过贬低某些人而抬高另一些人。这样的秩序，对人民被长期离间、不公正和歧视又加深了相互仇恨的社会来说，绝非易事。但是，如果我们要作为一个丰富多彩的民族生存下去，这一进程就不容失败。

委员会第一次会议就是在这一和解日召开的。

我们聚集在开普敦圣公会大主教的圣邸主教廷。这也颇有意思，因为这里曾叫做布舍维尔，是 1652 年到达南非的第一个白人定居者扬·范·里贝克的故居。他从荷兰被派到开普为船队建立东行的中转站。他做的事情之一，就是种植了一道苦杏树篱笆，把当地的科依人挡在定居点外。在主教廷附近，至今仍可看到篱笆的残余。用记者阿利斯特·斯帕克斯的话来说，这道篱笆不愧是有了它之后南非的生动象征。[1]范·里贝克把欧洲带到了非洲，而本地人却成了被挡在外面的异类。这道篱笆最终结出的苦果，就是南非充满冲突的那段历史以及白人和其他种族之间的仇恨，而我们委员会正是为处理这段历史而建立的。尽管要求我们处理的是1960—1994年这34年间的问题，但我们真正面对的却是我们美丽的祖国自1652年以来的历史。

对我来说，在主教廷开会，更是有切肤的感受。20世纪80年代末期，这里越来越经常成为反对日益加深的种族压迫的抵抗运动领导人的开会场所。正是在其中的一次会议上，他们策划组织了1989年9月13日的大游行。其后连续几个星期，全国各地爆发了大规模示威，最终促成了1990年2月2日德克勒克先生宣布的划时代变革。游行号召人民抵制1989年9月6日的大选。在开普敦，几个和平示威的人被安全部队杀害。伤亡者中也包括孩子——他们站在自家庭院里竟也挨了枪子。我记得，当工作人员报告说已有20人被杀时，我悲伤地走进主教礼拜堂，流着泪质问上帝：“你怎么能让这样的事发生？你怎么能允许他们对我们这样做？”我不能声称拥有通向天堂的热线，但跟上帝争辩一番后，我知道了上帝希望我们游行。我向有些吃惊的工作人员宣布，我们也要去为和平游行，表达开普敦大部分居民都感到的义愤，他们必须有个办法宣泄他们的愤怒。

1 《南非的精神》(*The Mind of South Africa*)，Bollantine丛书，1991年纽约出版。

主教廷也是 1990 年 2 月 11 日曼德拉和温妮度过第一个自由之夜的地方。在接听了各国总统、国王包括白宫的电话后，他就是在这里与最亲密的同事讨论未来战略的。我走进会议室，开始吟唱几乎成为第二国歌的赞美诗：*Lizalis' idinga lakho*（实现你的意志，啊，与真理同在的上帝）。所有的人都跟着放声高唱，仿佛他们的生命就取决于此。我进行了祷告，感谢上帝的仁慈带来的奇迹，请求他保佑在座的各位和我们的祖国。然后，我告辞，让他们继续讨论。第二天，曼德拉在主教廷的花园里召开了获释后的第一次记者招待会。也是在主教廷，教会领袖召开了一次重要的黑人政治领袖会议。其中一些激进分子第一次表示愿意和颇有争议的班图斯坦黑人家园领袖坐在一起。这些人由于和种族隔离政府合作而被视为不可接触的人。

真相与和解委员会在主教廷召开的会议，聚集了可以想象得出的形形色色的南非人。共到会 16 人，一人因故缺席。其中 10 名黑人、6 名白人，包括两个阿非利卡人。政治上，我们代表了从左翼到白人保守右翼的各种派别。有基督徒、穆斯林、一个印度教徒、几个没有信仰的人，也不乏一两个不可知论者。

副主席伯莱恩博士曾是议会的反对党成员，其观点受到支持种族隔离的议员的激烈攻击。他在 20 世纪 80 年代愤然辞职，开始创建议会外组织，继续为实现民主奔波。玛丽 · 伯顿女士是“黑色腰带”（Black Sash）这一为南非黑人争取权利的妇女运动的中坚人物之一。克里斯 · 德杰格，资深律师，曾是极右翼党派的成员和执行法官。伯格尼 · 芬卡牧师是东开普反对种族隔离的著名教会领袖。希西 · 坎佩培小姐是一个深度介入劳工权利斗争的律师。理查德 · 莱斯特先生是曾在事端不断的纳塔尔省工作的人权律师。怀纳德·马兰先生是律师，曾代表当政的国民党担任议员，后来脱离出来，参与建立了一个白人的反对党。科萨·姆格佑先生是循道宗教会前会长、南非教会理事会主席以及为争取纳塔尔省实现和平的著名纳塔尔教会领袖团体的成员。贺兰吉维·姆吉泽女士是心理学家，曾担任政府的精神卫生专家。

经常为我或伯莱恩代行职责的杜米萨·恩彻贝扎先生，曾是东开普的政治犯和著名人权大律师。温迪·奥尔医生在担任国家医生时，因找到被拘留者遭受酷刑的证据、成功获得法庭对警方的强制令而名扬天下。丹泽尔·伯基埃特先生是资深律师，曾在开普敦的政治审判中担任辩护律师。马普勒·拉马沙拉医生是临床心理学家，曾被流放，并在医学研究理事会担任要职。法泽尔·兰德拉医生长期活跃在反种族隔离斗争中。雅思明·苏卡也是律师，曾率南非代表团参加世界宗教与和平大会。格兰达·维尔舒特女士是精神科护士及开普敦暴力受害者康复中心的领导，在处理酷刑和冲突受害者方面具有丰富经验。

在主教廷的会议上（后来我们将会议移到我们自己的办公地点），我们把委员分配到下设的三个专门委员会。17 名成员中的 15 名分别进入了我担任主席的人权违反案件专门委员会和赔偿与复原专门委员会。委员会有权任命并非委员会正式成员的人进入下设委员会。在任命时，我们特别注意到地区、性别、政治和宗教的代表性，以填补委员会组成上的空白。例如，我们保证了至少有一个犹太人和一个白人荷兰新教教会的领袖参与。

两名律师委员被任命为大赦专门委员会成员。不久，总统任命的 3 名法官使委员会增至 5 人，随后又增至 19 人，以加快对 7000 件大赦申请的审理。（大赦专门委员会在真相委员会中占有特殊的地位：委员会由总统任命的法官领导，他们并非真相委员会成员，拥有自主决策权。我或者真相委员会的任何成员，都无法对其是否准予大赦的决定产生影响。法律禁止真相委员会审议其决定。）

委员会在一次早期会议上，还决定按地区分片运作。于是，我们在德班、东伦敦、约翰内斯堡和开普敦都开设了办事处，开普敦是总部所在地。我们很快就招募了350名工作人员，并投入了工作。这在很大程度上要归功于伯莱恩博士，他在安排办公设施和任用工作人员上大显神通。

我真担心我们无法应付这项白手起家、后来证明是规模巨大的任务。不过，我们努力做好了，到完成任务时已经锻造了一支由认真、勤奋的委员和工作人员组成的出色队伍。能担任这支杰出队伍的领队，乃是极大的荣幸。带领一支必胜的队伍并不难，而我们恰恰就是这样的队伍。我要向他们表示深挚的谢意。在我们递交《报告》之前，两位委员辞职：拉马沙拉医生被任命为德班—韦斯特维尔大学的总监和副校长，而曾是保守党成员的德杰格律师感到无法继续再与其意见相左的委员会一起工作，但留任大赦专门委员会，于是我们就剩下一个阿非利卡委员了。

我在早期的另一次会议上建议，所有委员一律退出现有的政治党派或组织。有人完全正确地指出，我们之所以被提名为真相与和解委员会成员，至少在一定程度上正是因为我们来自不同的政治派别。人们预料我们将把个人和团体的包袱、把我们的政治偏见和观点、把我们的见识和盲点，都带进这个重要委员会的工作中。大部分委员认为，如果退出所属党派，我们只能弄巧成拙。如果我们假装脱离政治，就会显得不那么坦诚和透明。我们可能会不偏不倚，但这并不是说我们还在“究竟种族隔离是邪恶的还是政策不错只是执行时走了样”这样的问题上纠缠不清。我们大部分人谴责种族隔离是彻头彻尾的邪恶制度的言论，都是记录在案的。也正是这一立场使我们赢得了声望，并被任命为委员会成员。

我们具有广泛的代表性，但成立伊始，阿非利卡新闻媒体和政治领袖就指责委员会存在缺陷，挤满被他们蔑称为“好斗”型（指反种族隔离斗争）的人物，而且偏向非国大。他们呼吁建立一个支持种族隔离的人数与其对立面相等的委员会。他们几乎没有意识到其要求是何等傲慢，典型地体现了当这块土地上的绝大部分人对治理方式毫无发言权时他们的行为方式。臭名昭著的种族隔离旧制度的支持者，仍然希望一切率由旧章。他们空口无凭地（因为我们甚至还没有开始工作）宣称真相与和解委员会的建立，是为了追杀旧秩序，特别是阿非利卡人。

我们对此进行了反驳，指出我们中的一些人很久以来，早在真相与和解委员会的想法产生之前，就热诚地投身于和解事业。我们致力于为受到伤害的人们抚平创伤，这种热诚使我们不仅不会破坏这一进程，反而会更加力求公允。我对一群抱有类似想法的白人新教领袖说，你们只要看看我既往的记录，就知道可以倚重我的个人品格了。我提醒他们，尽管我反驳过，很多人还是认为我反对种族隔离是出于政治原因，并理所当然地以为我会三缄其口，不对非国大领导的政府提出批评。他们几乎肯定我会接受一个政治职务，公开进入政坛。我指出，恰恰相反，我没有寻求也未接到担任政治职务的邀请。非国大执政不久，我就批评他们接受过高的薪金。我建议他们看看我们究竟会提出一个什么样的报告，再评头论足不迟。

（他们即使看到事实，我也不认为他们会对我们大加赞扬。我们的确信守诺言，不偏不倚，非国大甚至因此抱怨我们，想要阻挠

《报告》的公布，声称《报告》所言并非事实，指责我们用同样的道德准则评判与种族隔离斗争的人和实施种族隔离的人。）

令人难过的是，我们一直未能争取到阿非利卡人中叫嚷得最凶的那些人，他们坚持透过变色眼镜看待能够表明我们严守公允的事实。我们尽了最大努力，勾勒出由于既往的政治冲突在我国发生的严重违反人权的状况。我们在确定罪责轻重时，也是为了培养有责必负和尊重人权的文化。我们下定决心毫不畏惧、毫不偏袒地完成这一重要使命，而全世界和大部分讲道理的南非人似乎都认为我们干得不错。

如前所述，我们对南非社会具有广泛的代表性。这种代表性既是至关重要的特点，但也给我们带来不少烦恼。我们来自不同的背景，后来我们发现种族隔离以不同的方式影响了我们所有人。我们懊恼地发现，我们是南非社会的缩影，受伤的程度远远超出我们当初的想象。我们发现彼此之间常常猜忌，不易建立相互的信任。只是到了后来，我们才意识到，我们都屈从于一种强大的条件反射，使我们用成见对待属于其他群体的人，尽管我们大部分人都会激烈申辩自己不怀成见。

第一年中召开的会议简直如临深渊。每个人都想辟出自己的地盘、建立自己的空间，要达成一致意见，谈何容易。黑人委员总是琢磨白人同事会不会对其他白人作出同样的反应，反之亦然。有些委员因为是白人的自由派——“自由派”在南非是骂人的话——而被指责为企图左右事态以出人头地。我们任命的第一批工作人员都是白人，于是警钟四起，有些委员甚至立刻害怕委员会将被白人掌握、执行白人的议程。对这样的气氛，我准备不足，因为我已经习惯了我们教会的会议，特别是大家都翘首盼望的主教大会。这些会议是那么和谐、那么积极向上，完全没有真相与和解委员会会议上的明枪暗箭、含沙射影。我们的确原原本本地反映了作为种族隔离社会基本特征的隔阂、分裂和猜疑。我们可以成为整个国家的标尺，如果我们最终能够凝聚成一个团结、和解的有机整体，那么南非就有希望了。

有意思的是，总统任命担任委员会主席的是一位大主教，而不是法官或其他，因为在某种程度上我们是一个准司法机构。委员中七人是律师，因而法律界拥有最强的代表性。但是，也有三位活跃的牧师，而且三人都是其教派的全国性领袖。此外，伯莱恩博士在辞职从政之前，曾是循道宗大会最年轻的主席。因此，可以说我们当中有四位牧师，而这必定会影响我们的审议和工作方式。

总统一定以为我们的工作属于深邃的精神世界。毕竟，宽容、和解和赔偿，并非政治辞令中的流行语言。政坛上的惯例，是要争取心满意足，要以牙还牙、以血还血，并坚信我们的世界是你死我活的世界。大部分政治家并不是在那里疗治创伤、恢复平衡或是消除分歧。宽容、忏悔与和解在宗教领域才能找到更合适的安身之地。

尽管我们存在分歧，委员会在第一次会议上还是接受了我的建议，闭门谢客，以便我们提高精神境界，敏锐视听。无论我们对各自的圣灵如何认识和称呼，我们都坐在我的精神导师法兰西斯·古尔的身边，将身心敞开，聆听超凡圣灵的启示和教诲。在委员会任期将满时，我们又一次闭门谢客，在罗本岛经历了感人至深的反省。我们首先游览了小岛，从一个监牢走到另一个监牢，深深沉浸在历史和愤懑之中，并意识到我们国家走到今天这一步付出了多么沉重的代价。然而，我们彼此也更加贴近了。

委员会还接受我的建议，在会前和会后进行祷告，并在会间小憩时祈祷和整理思绪。在违反人权案件专门委员会，我们议定当受害者或幸存者到委员会的受害者听证会上陈述他们的辛酸经历时，我们应该营造庄严的气氛，应该有祷告、赞美诗和燃烛仪式，纪念在斗争中死去的人们。在东开普进行的第一次听证会前，我问我主持会议时，是否应该穿上作为我公共形象一部分的大主教紫色教袍。委员会认为应该，印度教同事甚至态度极为坚决。

我被任命为真相与和解委员会主席后，立即要求全世界圣公会联盟秘书处告知我们教派的所有修女和修士，在委员会存在期间，我们急切需要他们为我们定期祷告。这样，我们知道我们至少经常被这些基督徒热切的祈祷所包围。从其他人那里我也了解到，全世界许多人用他们的爱和祈祷支持着我们。我要为他们的出色表现致以深深的谢意。无论我们取得了什么成绩，都要归功于笼罩我们、支持我们的这片祥云。我们大部分人都认为，我们所承担的是深刻的宗教和精神使命。

很少有人反对委员会对精神特别是对基督教的倚重。当有记者对此提出疑问时，我回答说，我是宗教人士，也是因此被选出来的。我无法装扮成另一个人。我按照本来面目行事，并得到了委员会的接受。这就意味着，神学和宗教的思想理念将成为我们所作所为的依据。我们也不无欢欣地接受了委员会中从事医学的成员所给予的适当指导，心理学家、医生和护士为我们提交给总统的赔偿和复原政策的制定，立下了汗马功劳。

随着年事的增长，我惊喜地发现神学对我们的整个生活是多么意义重大。特别是在委员会的工作中，我们欣慰地发现我们其实都是亚当和夏娃的子孙。当上帝申斥亚当违反禁令偷吃禁果时，亚当不愿承担抗旨不遵的罪责，把责难推到夏娃身上。而上帝指责夏娃时，她也一样地推卸责任。（我们不知道蛇是如何为自己辩解的。）因此，大部分人不情愿承担种族隔离暴行的责任，没什么大惊小怪的。他们否认自己的所作所为，指责他人他事而不是自己，正说明他们是亚当和夏娃的真正子孙。

哈佛大学神学家哈维·考克斯在题为《勿归咎于蛇》（*On Not Leaving It to the Snake*）一书中，对我们归罪于他人的倾向进行了颇有教益的驳斥，大大有助我避免轻率判断和对他人的不幸而幸灾乐祸。这在委员会接触犯下最为十恶不赦罪行的罪犯时尤为重要。委员会常常为人可以邪恶到这种地步而深感震惊，我们大部分人都会说，具有这种行为的人是魔鬼，因为他们的行为就如同魔鬼。我们必须区分行为和罪犯、罪孽与罪人：痛恨和谴责的是罪孽，而对罪人则要满怀热诚。如果罪犯被当做无可救药的魔鬼，那么我们就谈不上什么追究责任了，因为他们被宣布为不能对其行为负责的非正常人。更重要的是，这意味着我们放弃了他们改过自新的希望。神学认为，尽管他们的行为可憎，但他们仍然是上帝的孩子，能够忏悔、能够改变。如若不然，我们委员会就必须关门大吉，因为我们运作的前提是人可以改变，可以认识到并承认其行为的错误，经历痛悔，或至少感到歉疚，并最终迫使自己坦白罪行，请求宽恕。但是，如果他们被蔑视为魔鬼，便理当无法参与宽恕与和解这一触动人心的进程。

在这门神学中，我们不能放弃任何人，因为我们的上帝为罪人保留了特别柔软的心肠。在耶稣讲述的故事中，牧人宁可将 99 只温顺听话的绵羊抛在荒野，也要去寻找那只离群的羊——不是毛茸茸的可爱羔羊，因为可爱的羔羊不会离开妈妈，而是桀骜不驯、惹是生非的老公羊。牧人正是在这只羊身上颇费心血。等找到时，它很可能已没有漂亮的羊毛，浑身污秽，也可能跌到了污水沟里，搞得臭气熏天。牧人找寻的就是这样一只羊，而且找到之后，绝不会厌恶地侧身掩鼻。不，他会将它轻轻抬起，扛在肩上，回家后盛宴庆祝，因为他找到了迷途的羊。耶稣说，一个悔过的罪人，比 99 个无需忏悔的人，可以给天堂带来更大的欣喜。

基督徒受到这条福音——与世俗常理相悖的偏向罪人的福音——的约束。耶稣基督得罪了循规蹈矩的大多数和正统的宗教领袖，因为他与之为伍的不是受人爱戴的社会精英，而是处于社会边缘的渣滓糟粕——是妓女、罪人和被摒弃的人。在我遵从的神学中，任何人都不能将他人定为不可救药而打入地狱。耶稣被钉在十字架上时，陪伴他的是两个小偷。其中一个表示忏悔，耶稣向他保证，他们将一起进入天堂。故事的主旨，是说我们任何人都不能断言某某人已经万劫不复，因为我们任何人都不知道，即使最为十恶不赦的罪人是不是在最后的时刻也能忏悔并得到宽恕，因为我们的上帝首先是慈悲的上帝。

我们之所在，我们之所有，甚至于我们的灵魂得到拯救，都是一份礼物，不是我们争取到的，而是馈赠给我们的礼物。据说上帝对罪人的偏向巨大无边，以致我们在天堂会碰到我们根本料想不到的人物。（反过来说，我们也会因为应该遇到的人没有出现而吃惊。当然我们自己得先进天堂才行！）总之，根据这一神学，任何人、任何事都不是毫无希望、无可救药的。

上帝不会抛弃任何人，因为上帝爱我们每一个人，从现在直至永远，他爱我们每一个人，无论好坏，直到永远。他的爱不会遗漏我们任何人，因为上帝的爱是不变的，也是不可改变的。有人说我无法让上帝更爱我，因为他对我的爱已经尽善尽美了。但同样，我也无法让上帝爱我少一点。上帝爱的是原原本本的我，他帮助我成为我所能够成就的人。当我意识到上帝对我的深爱时，我会尽一切努力为了爱去做能让我的爱人欢愉的事。如果有人认为这为道德堕落打开了方便之门，那么他一定没有爱过，因为爱比法律要求得更多。一个疲惫不堪的母亲本该就寝休息，但为了看护生病的孩子，她可以毫不犹豫地彻夜不眠。

我在真相与和解委员会听取违反人权的罪犯讲述他们的罪行时便意识到，我们每一个人实际上都能够做出最可怕的邪恶行为——我们全体。谁也无法预见，如果受到同样的影响，处在同样的境地，我们会不会成为和罪犯一样的人。这并不是纵容或原谅他们的行为。这是要让心中充满更多的上帝之爱，为看到他所爱的人走上这样的悲伤之路而哭泣。我们必须从内心深处而不是出于虚假的虔诚对自己说："为了上帝的慈悲我向前行。"

不幸中之万幸，当我聆听受害者的陈述时，我对他们的宽宏大度感到了惊讶。经历了如此深重的苦难之后，他们不是渴望复仇，而是表现出了非同寻常的宽容意愿。于是我感谢上帝，让**我们所有人**，甚至于我，都具有行善、宽容和大度的不凡能力。

神学帮助我们真相与和解委员会的人认识到，我们身处一个道德世界，善与恶都是现实，而且关系重大。道德的世界就意味着，尽管有不少现实不尽如人意，但邪恶、不公和压迫无论如何不会最终占上风。对我们基督徒来说，耶稣基督的死去与复生，就证明了爱比恨强大，生命比死亡强大，光明可以战胜黑暗，欢笑、快乐、热情、温情和真诚，都远胜于其对立面。

在委员会，我们亲眼看到这一切在我们面前展开。那些在种族隔离岁月中趾高气扬，随意抛撒死亡、不公和种族隔离各种虐政的人，做梦也想不到他们在阴暗世界中参与的暴行也有暴露于光天化日之下的一天。他们原本得意地认为自己想主宰天下多久，就可以多久。如今一切都已大白于天下，而且不是什么推测或者无根无据的指控。不，完全是罪犯亲口道出的事实：他们如何绑架、如何枪杀、如何掩埋尸体或抛到河里喂鳄鱼。他们帮我们找到50具被他们秘密绑架、杀害和掩埋的尸体。如果这不是一个道德的世界，真相必将大白于天下的话，那么这些令人不寒而栗的秘密将永远被掩盖。

在斗争最艰难的日子里，人们面对猖獗的邪恶势力常常士气低落。这时我会说："这是一个道德的世界——种族隔离的捍卫者已经失败了。"我也曾向我们的南非白人同胞呼吁："我们在善待你们，加入必胜者的行列吧！"我们这些为反对种族隔离而斗争的人得到了最为辉煌的胜利。而胜利属于我们每一个人，同属于白人和黑人——上帝的彩虹子民。

# 第六章　受害者，抑或幸存者的国度？

设立真相与和解委员会所依据的法律中所规定的参数，从某种意义上讲是武断的。我们完全有理由回溯到范·里贝克的年代，或者宣布凡不是白人的人都自动具有受害者的资格，因为他们都遭受过种族隔离的折磨。但这就意味着要处理几百万人的问题。显然，无论如何应付，都无助于创巨痛深、四分五裂的人们的复原与和解。再者，如果所有受害者都是黑人，就太过偏颇，使这一进程从一开始就不可能起到弥合裂痕的作用。

为从压迫到民主的艰难过渡而进行谈判的人们，明智地选择了有限但可应付的规模。他们规定的时间限度并非完全武断。1960 年 3 月 21 日的沙佩维尔大屠杀的确是一个分水岭，因为此后重要的黑人政治团体被禁，并转化成解放运动，不得不放弃非暴力，进行武装斗争。1994 年 5 月 10 日这个截止日也非常重要，因为那是曼德拉就任总统的日子。如果说有什么事件可以标志新制度的开始的话，那么正是这一天表明了我们与冲突、分裂和少数人统治多数人的过去的彻底决裂。委员会的任务就是在较短的时间内——两年，后来延长到三年——解决这一段历史中尚可应付的问题。为了使全国不至于长期陷入追究过去这一分裂人心的过程，我们在1998年10月提交了《报告》，但大赦过程在委员会其他工作宣布“暂停”后一直持续到1999年。

为了确定委员会的工作坐标，建立真相与和解委员会的法案必须定义何谓“对人权的严重违反”。这被限定为杀害（无论是否有预谋）、绑架、酷刑和严重虐待。这一相当武断的定义至少有两点好处。首先，将罪行限定为这四类，使委员会的工作有一定限量，有望在期限内完成。接替曼德拉担任非国大主席、后来成为南非总统的塔博·姆贝基，向委员会热切地呼吁，不要给新政府留下尾巴，特别是大赦的尾巴。1996年他代表非国大在委员会作证时说：

> 委员会在其任期内结束大赦过程，也是非常重要的。只有这样才能保证民主国家不必承担刑事调查和对在本应由委员会负责处理的期限内犯罪的人进行起诉……我们认为，委员会应尽快结束其工作，使我们的确能够让过去成为过去，尽管我们不敢淡忘。

但法案的定义之所以重要，还有另外一个关键因素。它意味着委员会的确可以不偏不倚地认定受害者，因为罪犯的党派背景在确定其行为或罪行是否构成对人权的严重违反时不在考虑之内。如果一个国民党人绑架、折磨或杀害了某人，则构成对受害人人权的严重违反；如果这是过去冲突的结果，则属委员会的法定职责之内。如果非国大党员犯下同样的罪行，根据法案的定义，亦构成对人权的严重违反。因此，不论是种族隔离的支持者还是推翻者，在法律面前一律平等。

我们费尽心机说明法律上的平等不等于道义上的平等。一个女子开枪打死企图强奸她的人，行为本身构成他杀。抢劫犯杀死他所劫持的汽车的主人，这也是他杀。女子的行为可以被宣布为正当防卫，她的勇敢甚至会得到赞誉。而抢劫犯则犯下了杀人罪，会得到相应的惩罚。

有人批评我们“把解放斗争变成了罪责”，侮辱了参与斗争的人，因为我们把他们和种族隔离的捍卫者放到了同一平台上。最违背真相的言论也莫过于此。我们遵从的是法案的规定。无论谁是凶犯、出于什么动机，严重违反就是严重违反。国民党实施酷刑是严重违反，解放运动成员实施酷刑同样是对人权的严重违反。

我们明确声明，种族隔离是对人类的犯罪。我们也同样坚决地声明，解放运动开展的是正义的战争，因为他们有着正义的事业。但是，《日内瓦公约》和正义战争的原则都清楚地指出，战争中必须有正义。正义的事业必须通过正义的手段进行斗争，否则它就可能严重变质。

非国大对其阵营中在南非境外的犯罪行为进行了调查，并为揭露出的罪行公开道歉。如果解放运动可以使每一个打着其名义的行为成立，这样做就没有道理了。

尽量与更多的南非人接触，是非常重要的。我们的目标实际上是要接触到所有的南非人；让他们加入委员会的工作进程，任何人都不应被缺省在外，每个人都应知道他们有机会讲述自己的经历，并可能得到赔偿。我们的宣传重点放在最容易为文盲群体接受的广播上。我们散发小册子、张贴招贴画，上面印着鲜明的标志和诸如“真相令你痛苦，但沉默让你死亡”之类的口号。我们得到了各宗教团体的大力帮助，他们的网络深入到了南非的各个角落。我们对与我们合作的非政府组织亦深表感谢。国际社会从人力、物力和财力上慷慨相助。没有这些帮助，尽管我们和其他类似的委员会相比资金已经相当可观，但也不免会捉襟见肘。我们的确特别幸运。整个世界都惊喜异常，希望能从南非学到些经验，帮助解决其他地方的冲突。

我们雇用经过专门训练的采录员，奔赴全国各地。他们在志愿者的协助下，记录下那些认为自己可能在法案规定范围之内的人的叙述。最后，我们一共收到两万份陈述，超出了所有类似的委员会。有些陈述记录了不止一起违法事件，涉及不止一个受害人。

第一次听证会于 1996 年 4 月在东伦敦举行。真相与和解委员会区别于其他地方类似委员会的另一特征是其公开性。最初有人建议大赦委员会的工作秘密进行，但遭到非政府组织的强烈反对，最终他们的意见占了上风，使委员会的工作具备了令其他国家钦佩的公开性。让这场大戏如此迅速地拉开大幕，需要大量艰苦的工作。举行一场听证会的后勤工作令人咋舌。先要得到陈述记录，但谁也不能保证人们会走上前台。他们或许会受到曾迫害过他们的人的恐吓；或许自认为是参加斗争的战士而拒绝被视为受害者；他们也可能感到灰心失望，不再相信那些敏于承诺缓于行动的人能做出什么了不起的事情来。

我们没必要担心。人们当然想要道出他们的经历。他们被迫沉默得太久了，几十年来，他们被邪恶的制度、不公正和压迫挤到了边缘，成了无名无姓的隐形人。许多人的情感压抑已久，一旦得到宣泄的机会，就如同打开了泄洪的闸门。但是，令我们沮丧的是，没有多少白人站出来；能站出来的都是了不起的人。

我们有幸窥视到许多同胞灵魂的秘密，他们在那里深藏着最为隐秘的愤怒和痛楚。在他们讲述了各自的经历后，我总是禁不住感叹，这些人看上去是那么正常、那么普通。作证之前，他们谈笑自如，就像其他健康人一样毫无包袱地生活着。但听了他们的故事后，你就会惊异地问他们，怀着尊严和纯真、默默地忍受着如此沉重的痛苦和愤怒，究竟是怎么活过来的。被我们倨傲地视为“普通人”的人们，在面对足以摧毁意志薄弱者的巨大挑战和困扰时，表现出了令人肃然起敬的坚忍。我已经说过，在我遵从的神学中，不存在什么普通人。我们每一个人，由于是上帝的代表，都是非常特殊的人——是比通常的“重要人物”远为重要、远为普遍的“非常特殊的人物”。

我们亏欠这些人的，远远超过了我们所知道或能够承担的。我们必须保证他们的确愿意作证，因为从某种意义上说，他们会成为公共财富。我们根本无法预知媒体和公众对这些不得不把自己的痛苦公之于众的人会作出什么反应。我们给那些将要作证的人提供了心理咨询，帮他们度过无论如何都非常难熬的时刻。

我们还给证人提供了“陪同员”，负责陪伴证人。作证时，他们坐在证人身边照顾，在他们痛哭流涕时递上一杯水、一片纸巾。这种情况时有发生（有些人嘲讽我们是 Kleenex[1] 纸巾委员会）。我们对座次安排慎之又慎。最好的座位是保留给证人的。我们必须避免任何他们在受审的印象，因此证人和听证的委员会成员坐在一条水平线上。

证人必须感到舒适自在，因此我们坚持他们用自己选择的语言

1　Kleenex，一种纸巾品牌。——译注

作证。这就意味着必须使用同声传译，进一步增加了听证安排的复杂性。证人作证时还允许亲属陪伴。为所有这些可能前来参加听证会的人安排交通食宿，如同一场噩梦。所幸我的同事及委员会的工作人员非常能干，即使在设备极为短缺的小镇和乡村，也能有条不紊地将一切安排就绪。听证会使用过许多不同的场所——市政厅、公共活动中心，特别是教堂大厅。宗教界在这方面予以的协助，值得热烈赞扬。

委员会并未得到普天下的一致欢迎。有些人表示强烈反对，特别是那些害怕委员会揭露其罪恶过去或是坚信委员会其实是追杀阿非利卡人的一个聪明伎俩的人。我们担心这些人会破坏委员会的会议，因而安全成了重要问题。第一次听证会就被炸弹恐吓打断，听证不得不中止，让警犬嗅遍全场。幸而是闹剧一场，但我们不能拿人命当儿戏，更何况我们任务的圆满完成事关重大。委员会的任何闪失，都会让反对和解进程的人幸灾乐祸。

我们希望人们感到有充分的时间讲述其经历，并得到了应有的认可。因此，委员会只能在特定的领域中选择具有代表性的证人进行听证。在进行陈述的人当中，十分之一的人得到公开听证的机会。那些未被允许作证的人多少感到失望，但他们得到保证，我们会像对待公开证词一样，认真对待他们陈述的经历。

人们如此重视听证会，或许可以视为对我们的赞许。这在很大程度上是因为媒体发挥了出色的作用。广播、电视和报纸对真相与和解委员会、受害者及大赦听证，进行了连篇累牍的报道。南非广播公司电台用 11 种南非语言对听证会进行的实况报道因经费不足停播后，立刻引起轩然大波，甚至很少参加听证但显然非常关注的白人，也叫苦连天（后来恢复了报道）。海外专家对我们如何利用电视镜头提出了很好的建议。我们把镜头放在不显眼的固定位置。摄影师则抱怨说，让他们把设备固定在一个地方太受拘束，难以施展。

第一次听证会上气氛庄严凝重。我们深知此举意义重大，第一次的成败与否，会对今后听证会造成或正面或负面的影响。

我们有些忐忑不安。第一次听证会在东伦敦附近的贫民小镇姆丹查尼举行。我们首先进行了感人的多宗教祈祷仪式。有记者问我在第一次听证会前夕有何感受，我说：

> 我的心里当然是七上八下的。但能从事这项事业，能看到这么多人表现出的宽宏大度，我又抑制不住心中的激动。他们希望这件事成功，知道自己的经历必须倾诉出来，这一进程也必须了结。

我们祈求上帝保佑我们的土地，保佑受害者、罪犯和真相与和解委员会。我一直坚持用英语、科萨语、索托语和阿非利卡语进行祈祷，以强调委员会属于所有人。出于同样的原因，我也用同样的语言欢迎到会的人，并指出我们民族的多样性。

市政厅挤得水泄不通，大部分都是黑人。证人面对委员会成员、背朝听众而坐（后来我们改变了这一做法）。主席台一侧是翻译使用的隔间，整个大厅装饰着鲜花和盆栽植物。警察在入口处对每个人进行检查，保证了听证会的安全。

当我们一行人入场时，听众都站了起来，全场很快一片肃静。我上前和将在今后4天作证的证人及陪伴他们的亲属握手。接着，我在肃静中点燃一支蜡烛，纪念所有在过去冲突中死去的人。我的一位同事诵读了一份缅怀死者的悼词，然后我们一起高唱“*Lizalis' idinga lakho*”（“实现您的意志”）。曼德拉被释放的第一天在主教廷和他的同志们唱的就是这首歌，在今后无数重要的场合，我们还会唱起同一首歌。

然后，我开始祈祷：

公正、慈悲、和平的上帝啊，我们渴望将种族隔离给我们带来的痛苦和分裂，将以其名义蹂躏我们社会的暴力，抛在身后。我们请求你，在真相与和解委员会开始纠正曾在这里和整个国土上发生的不公这项重要工作时，以你的智慧和指引，保佑委员会。

我们祈祷，希望所有身心受到伤害的人都能通过委员会的工作得到抚慰，并使它成为处理许多人，特别是在东伦敦的受到深重伤害的人们的机构。我们也为那些对其同胞犯了罪的人祈祷，希望他们能够到这里向万能的上帝坦白忏悔，并得到你神圣的仁慈和宽恕。我们请求圣灵对委员会和委员们尽显公正、慈悲和博爱，让真相在听证会上得到认可并大白于天下，让我们按上帝的意志最终实现与我们邻友的和解与爱。我们以我们的救世主耶稣基督的名义祈祷这一切。阿门。

随后，我对到会的各位表示欢迎：

我们欢迎所有即将讲述自身经历的人，以及他们的亲属和朋友。我们愿意听取你们的经历。举行这些听证会的根本原因是：让违反人权案件委员会帮助（真相）委员会确定某些人是否遭受了对其人权的严重违反，宣布这些人为受害者，并

> 将他们转给赔偿和复原委员会。此后，委员会将向总统就赔偿的性质和数量提出适当建议。在南非和世界各地曾经和正在为委员会及其工作祈祷的人们，谢谢你们！我们肩负着揭露黑暗过去的真相的使命：埋葬过去的魔鬼，使它永远不会再回来纠缠我们。我们希望以此抚慰创伤深重的人们——我们所有南非人都受到过伤害，我们希望以此促进国家的统一与和解。我们要指出，在委员会作证的人只要道出的是真相并本着诚意而来，就将得到在法庭作证的同等对待。

接着，我宣布真相与和解委员会的第一次听证会开始。重要的时刻终于到了。

我们决定，公开听证的第一个程序应该是受害者的听证会，以强调那些长期以来被挤在社会边缘、无名无姓、无人理会的人终于走出了阴影，并在委员会存在期间，站到了舞台的中心。我们希望这能够帮助他们恢复公民和个人的尊严。我们保证了作证的受害者尽可能代表最广泛的政治派别，以达到真相与和解委员会必须不偏不倚的要求。这些案件还必须尽量涵盖规定的 34 年期间和尽量广泛的地区。

我们有意选择东伦敦市作为第一次听证会的地点，是因为这个地区在南非的历史上占有特殊地位。在这里，白人和土著人为了争夺地盘，进行了第一场全面战争。东开普省是反对白人扩张主义的黑人抵抗运动的发源地。这里还建立了第一个黑人的高等院校，因而也是黑人求学的发源地。这里还是许多黑人政治领袖的出生地——纳尔逊 · 曼德拉、温妮 · 马蒂奇泽拉—曼德拉、高文和塔博 · 姆贝基父子、史蒂夫 · 比科等等。这里是黑人抵抗运动和政治觉醒的发祥地。正因为如此，这里也发生了种族隔离最为残忍和臭名昭著的暴行。当局将最沉重的黑暗和最深重的压迫都施加在东开普省了。

我们希望营造热情、友好和积极的气氛。我们不希望用冷酷的盘问伤害证人，因此拒绝了让被指控的罪犯进行交叉讯问的要求。我们说，如果而且只有当委员会通知他们发现对其不利的证据时，他们才有权陈述自己一方的事实。正是这些人曾左右司法程序，并经常得到各级法官的纵容。其中两个被指控的罪犯的确设法搞到了法庭禁令，使证人不能对他们指名道姓。这使本希望在听证会上听到重要人物证词的人们，大感失望和气愤。他们通过这种方式阻止我们的一些证人后，却又不无讽刺意味地在随后的大赦申请中，供认了他们阻止证人作证的罪行。他们又一次对世界趾高气扬，显示法律与公正及道义没有干系。

我们决意为证人提供安全的环境。因此，无论谁主持听证，都会像 1996 年 4 月 15 日的第一场听证会我们对第一个证人那样，致以热情友好的欢迎：

> **伯莱恩博士：**我们请诺雷·莫哈比太太上证人席。莫哈比太太，您愿意宣誓还是不经宣誓作证呢？
>
> **莫哈比太太：**我宣誓。
>
> **伯莱恩博士：**非常感谢。你庄严宣誓，你提供给委员会的证据将是事实，全部是事实，而且只有事实。愿上帝帮助你。
>
> **莫哈比太太：**愿上帝帮助我。
>
> **伯莱恩博士：**非常感谢。请就座。我们欢迎您作为第一个证人，进入真相与和解委员会的工作程序，并回忆您在过去经

历的痛苦。我们许多人还清楚地记得马佩特拉［莫哈比］死于警察的监禁中。我们记得这些日子的恐怖和愤懑……我们知道……您也曾被拘留，并被单独关押。我们对您的勇气深表敬意。您今天到场，表明了您致力于真相、公正和在整个南非实现和解与和平的决心。您作证时，泰尼·马雅将代表委员会向您提问。欢迎您的到来。

**马雅女士：**艾利克斯，谢谢。在我们开始之前，我要指出，证人更希望用科萨语作证。因此，我请不懂科萨语的人戴上耳机，以便我们开始工作。Molo，Sis Nohle。［早上好，Sis Nohle（莫哈比）。］你好吗？

我主持听证会时，总是力图在一天结束时根据当天的气氛，总结当天的特点。这也是向证人和他们代表的群体表示肯定的机会，是我们所有人从我们民族这一非凡历程中汲取教训的机会。我常常向白人同胞呼吁，不要避讳委员会，而应把它当做失而不能复得的机会。我说，那些完全可以渴望复仇的人所表现出来的宽宏大度，应该得到有意或无意地受益于种族隔离的人以同样的宽宏大量作出的回报。这些呼吁似乎飘教于虚空，不过虽然会场上白人寥寥无几，却有不少人通过广播直播密切关注着委员会的工作进程。例如，在听证会初期，我曾发言说：

我想读一读我昨天收到的两封信……“作为一个普通公民，我希望告诉您，上星期在东伦敦进行的真相与和解委员会的听证证词，令我深受感动和鼓舞。那些残酷可怕的故事和那些深受创伤的人所表现出来的异乎寻常的宽容，既令我痛苦，又令我欢欣。我们都深受伤害。我写了一首诗，试图搞清这一切的意义所在。我希望告诉您，许多人都深深同情那些人。痛苦是我们大家的。谢谢您，谢谢你们所有人，感谢你们自身的人格，也感谢帮助我们抚平创伤。”诗是这样的：

“世界在哭泣。
鲜血与痛苦深入我们的耳廓，进入我们受伤的灵魂。
你的啜泣就是我的垂泪；
你湿透的手帕，我泪浸的枕畔
为那尚且不能平息的疲惫的过去。
说吧，哭吧，看吧，听吧，为了我们所有的人。
啊，属于沉默的掩藏的过去的人们，
让你的故事在孤寂恐惧的风中播撒种子。
播撒吧，直到僵硬的大地开始融动
开始企盼、微笑和歌唱；
直到鬼神可以狂舞
直到我们的生命知晓了你们的痛苦
直到复原。”

最后我进行了总结：

当我们听到彼此之间人性的堕落可以达到何等地步时，我们感到震惊和恶心。我们可以为彼此造成的痛苦而感到嗜虐般的快感，可以把残忍推向极致，让亲人为亲人的死活和去向费劲猜疑，让他们从一个警察局到另一个警察局，从医院到停尸房徒劳地奔波。这是一方面——到目前已经显现出来的阴暗而沉重的一面。

但还有另外一面——崇高和激动人心的一面。我们为人的精神的坚毅而深深感动。本该一蹶不振的人们，拒绝屈从于巨大的痛苦、暴力和威胁；拒不放弃自由的希望，因为知道自己应得到比遭受非人的不公和压迫更好的命运；拒绝在威逼之下俯首帖耳。人们表现出的宽宏大度，令人难以置信——他们不愿被痛苦和仇恨吞噬，愿意和那些曾践踏自己人格、侵犯自己权利的人见面，愿意以宽容与和解的精神相会。他们急切想知道真相是什么、罪犯是谁，以便宽恕他们。

我们感动得潸然泪下。我们欢笑，我们沉默，我们直面野兽般的黑暗过去。我们经受住了煎熬，我们意识到我们的确可以超越既往的冲突，挽起手实现我们共同的人性……宽容的精神相遇时，宽容会盈溢而出。坦白之后，宽容会接踵而至，继而是创伤得到抚慰，民族实现团结与和解。

这就是受害者听证会的通常情形。在一年半的时间里，这成了委员会家喻户晓的公众形象。在南非，如果有人说“我不知道啊”，是没人会相信的。

德斯蒙德·图图（CFP 供图）

1960 年 3 月 21 日，沙佩维尔屠杀。被警方杀死的 69 人，多数从背部中枪身亡，另有 176 人受伤。

1984 年 10 月 12 日，德斯蒙德·图图领受诺贝尔和平奖。图图大主教以非暴力方式为反抗种族隔离制度做出巨大贡献，因此荣获 1984 年的诺贝尔和平奖。(CFP 供图)

1990 年 2 月 12 日，南非开普敦，曼德拉出狱后第二天。左起:德斯蒙德·图图大主教、曼德拉、温妮·曼德拉和沃尔特·西苏鲁。(CFP 供图)

1994 年 4 月，南非举行首次不分种族的大选，非洲人国民大会获胜，曼德拉当选为总统。图为黑人城镇居民排队等待投票。（CFP 供图）

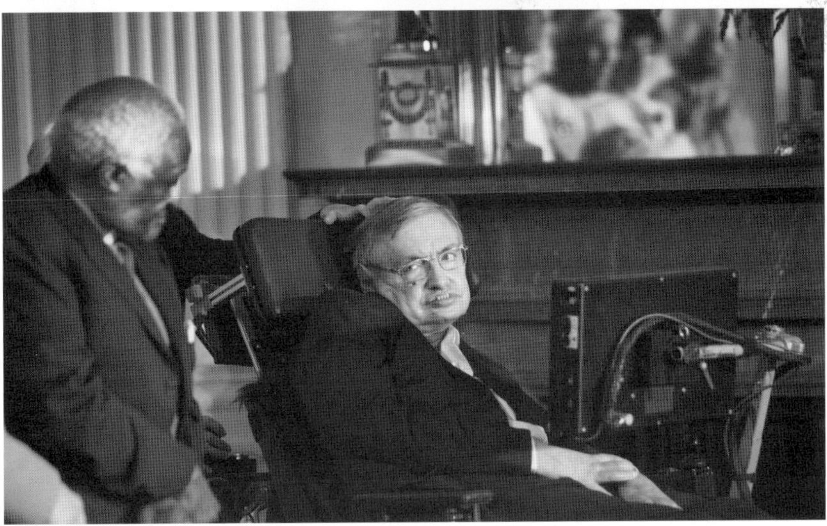

2009 年 8 月 12 日，美国华盛顿，奥巴马总统为图图颁发“总统自由勋章”。同时获奖的包括英国物理学家霍金、奥斯卡第一位黑人影帝西德尼·波蒂埃、美国资深参议员爱德华·肯尼迪等 16 人。（CFP 供图）

2008 年 7 月 12 日，英国斯托克城，球王贝利与前英格兰队守门员戈登 · 班克斯各自领队进行友谊赛。图为贝利（中）与图图（右）在场外观战。（CFP 供图）

2010 年 6 月 21 日，南非开普敦，图图参加 2010 年南非世界杯新闻发布会。（CFP 供图）

2010 年 5 月 29 日，约翰内斯堡，曼德拉与国际长者会成员会面。左起：曼德拉夫人格拉萨、巴西前总统卡多佐、图图、美国前总统卡特、爱尔兰前总统玛丽 · 罗宾逊、联合国前秘书长安南、挪威前首相布伦特兰夫人、芬兰前总统阿赫蒂萨里、印度自我就业妇女协会创始人埃拉·巴特、联合国前特使拉赫达尔 · 卜拉希米与曼德拉（坐者）。（CFP 供图）

2013 年 2 月 26 日，图图造访缅甸仰光，在昂山素季寓所与她会见。（CFP 供图）

2013年6月27日，南非开普敦街头挂出曼德拉与图图的巨幅照片。当时曼德拉因肺部感染入院治疗已20天，此举意在为曼德拉祈福。（CFP供图）

2014年3月3日，英国伦敦威斯敏斯特大教堂举办缅怀南非前总统曼德拉的活动，图图大主教在活动上发表讲话。曼德拉于2013年12月5日去世,享年95岁。（CFP供图）

# 第七章 “我们确想宽恕，但不知宽恕谁”

当我聆听来到委员会的人讲述他们常常是难以承受的痛苦经历时，当我翻阅那些犯下滔天大罪的罪犯在申请大赦时披露的事实时，我总是不禁要问，上帝是否有时也要嘀咕当初为什么把我们造出来呢?

写作此书时，正值北约进攻科索沃和塞尔维亚。我们听说塞尔维亚人在米洛舍维奇总统的领导下正在赶走科索沃的阿尔巴尼亚族人，开始了又一次的所谓种族清洗。不时有不可言状的恶行的报道：妇女儿童被告知逃离家园，并保持沉默，否则就会被杀；男人被成群驱赶着，执行集体枪决。我想整个世界都无法忘记一个年轻人用手推车把岳母推到安全地带的情景。这已经成为上帝的一些子孙遭受另一些子孙带来的痛苦的形象定格。或许，这会像越战期间那个赤身裸体从汽油弹的轰炸中死里逃生的小女孩一样，成为这场屠杀难以磨灭的形象。

我斗胆想象上帝巡视着人类历史上的遍地残骸：血腥的十字军东征和以上帝名义进行的其他战争。大地浸透了在暴行中死去的无辜者的鲜血。还有本世纪的两次世界大战、对犹太人的大屠杀、在柬埔寨和卢旺达的大屠杀；在苏丹、塞拉利昂、两个刚果、北爱尔兰和中东的可怕仇杀以及让拉丁美洲深受其害的暴政。这恶毒的清单记录了我们丧失人性、彼此伤害可以达到何等地步。我可以想象上帝巡视着这一切，哭泣着，就像耶稣对着铁石心肠的耶路撒冷在哭泣，因为他回到自己人中间却得不到接纳。如果上帝真的感到创造我们是个错误，那么我们的确为他提供了充分的理由。《创世记》中记载："耶和华见人在地上罪恶很大，终日所思想的尽都是恶，耶和华就后悔造人在地上，心中忧伤。"（第六章）

经历了第一次世界大战的恐怖，杰弗里·斯图德尔特·肯尼迪牧师在他的诗中思忖着人类的行为给上帝带来的痛苦：

面对可悲可耻的故事
还有阳光下的人类罪恶，
如何能够安之若素？
上帝的主宰何来荣耀？
何处能安享他的慈爱？

永恒的心中难道无泪？
上帝的灵魂难道未被痛苦撕裂？
他定是阴间地狱的魔王，
挥舞大棒将人间击成了碎片。

如果上帝基督让你睁开双眼，
如果你第一得到了上帝的感召，

你就定是受难者和抚慰者
让利剑的苦痛刺透了你的心。

这意味着，你的悲苦
将你击倒在那孤苦的树下，
而今朝今昔、明日明夜，
圣明的上帝还将与你同在。[1]

当我听到在我们彼此间发生的痛苦行为时，我多次想到上帝的悲哀。这些可怕的事情难以用言语表述，也让我们对自己是否有权利被称为人产生了怀疑。在这样的时刻，完全可以理解为什么把这些可怕行为的实施者叫做魔鬼，而不值得再把他们视为人。他们的行为使所有正直的人充满了义愤和憎恶。这些罪犯来自长期困扰我们这块土地的冲突各方。

5名警官在大赦申请中，详细讲述了他们在比勒陀利亚地区是如何残酷折磨几十个所谓“恐怖分子”，杀害他们并处理尸体的。电击这种刑罚已经司空见惯，以致其中的一个警官可以无动于衷地说“我们像对付前两个人那样审讯了塞法鲁”，如同例行公事，没什么值得大惊小怪的。实际上，委员会确认，安全警察认为使用酷刑是理所当然的事。

请看看5个警官之一、准尉保罗·范·弗任警官的证词。他曾属前德兰士瓦省北安全分局，被同事称为“电工”。

1　诗名“The Suffering God”，引自北爱尔兰 *Gorrymeela News* 杂志，1988年秋冬季号。

我们像对付前两个人［杰克逊·马科和安德鲁·马库贝］那样审讯了塞法鲁（哈罗德·费罗）……我们使用了一种黄色的罗宾牌便携式发电机，对他的身体进行电击，逼他开口……一共两条电线，分别接在他的脚上和手上。我们打开发电机时，他的身体挺得僵直……塞法鲁是个坚强的人，而且坚信……自己做的是对的……审讯后，他供认自己是沃特班克非国大的高层组织者……

乔·马马塞拉把刀子从下面捅进他的鼻子后，他给我们提供了更多消息。他请求饶命，还问是不是可以唱"*Nkosi Sikelel' iAfrika*"(《上帝保佑非洲》)[1]。然后，他说我们还不如把他杀了。他还说非国大终有一天会掌权，种族隔离不会长久……（我们把马科电死后）马马塞拉用非国大旗帜盖住了他的尸体，而塞法鲁在一边唱着"*Nkosi Sikelel' iAfrika*"。然后，我们把马库贝也电死了……

我们只有杀了他们，才能摧毁整个组织。谁也不知道他们出了什么事。之后，我们用地雷把他们炸成了碎片，让别人无法辨认……必须搞得好像他们是在布地雷……我们不喜欢干这种事情，也不想干，但我们必须阻止他们杀害无辜的妇女和儿童。此外，我们和非国大在交战，也必须除掉他们。塞法鲁在我们杀害他的过程中的表现，让我对他深感佩服。

德克·克埃兹曾是比勒陀利亚附近"Vlakplaas"的头目。这实

1　一首民间赞美诗，曾在自由运动支持者中传唱，现已改编为南非国歌。

际上是臭名昭著的警察死刑队的总部。克埃兹、阿尔蒙德·诺夫梅拉和大卫·施卡兰加为谋杀德班著名律师格里菲斯·姆先格而申请大赦。

克埃兹对大赦委员会说：

> 决定是纳塔尔港安全警察局的扬·范·德霍芬准将……作出的，他告诉我（姆先格）是肉中刺……因为他是所有非国大干部的教官……而且他严格以法律为依据。因此，他们拿他没办法……我以前从没听说过这个名字，直到接到指示，制订针对格里菲斯·姆先格的计划。这只意味着一件事——除掉他，杀掉他，再无其他……就是要害了他、杀了他。

克埃兹在接受南非广播公司安吉·卡佩里安妮斯的采访时，讲述了如何选择下述黑人警官实施谋杀计划的：

> ……布赖恩·恩古兰加被选中，因为他是祖鲁人，了解那个地区，通晓……当地语言……我1973年就认识大卫·施卡兰加，他为我干事……我则帮他当上了警察，而且进了Vlakplaas，所以是个信得过的人。阿尔蒙德·诺夫梅拉是个严肃的家伙，很合适……有猛虎一样的胆量。如果你要办什么事，阿尔蒙德没有二话。他有胆量。乔·马马塞拉更是再合适不过，有杀人的“本能”……烟酒不沾，简直就是一个彻头彻尾的杀手。他根本住不了手，他的枪也一样闲不着……

谋杀伪装成一次抢劫，小组的人用刀和车轮扳手袭击了姆先格：

……施卡兰加首先动了刀……他没法把刀从姆先格的胸上拔出来……然后姆先格显然自己把刀拔了出来，并拿着刀追他们，这时阿尔蒙德用车轮扳手把他打倒在地……接着阿尔蒙德和乔开始疯狂地用刀捅他。

大赦专门委员会的副主席安德鲁·威尔逊法官在大赦听证会上询问了诺夫梅拉：

威尔逊：你能说出……他被捅了那么多刀的原因吗？

诺夫梅拉：我想原因就是……他总是不倒下。他一直在反抗。

威尔逊：他反抗是为了保住自己的性命，是不是？

诺夫梅拉：是的，先生，没错。

威尔逊：他有武器吗？

诺夫梅拉：没有，据我所知没有。

克埃兹在广播采访中说，他们捅刀子的时候，他正在"德班城里喝酒兜风……欢宴狂饮，就等着跟他们的接头时间一到，跟他们见面，问一声一切顺利吗？没出什么岔子吧？好，（咱们去）庆祝一番"。

广播采访还报道了维多利亚·姆先格太太是如何在政府的停尸房找到丈夫尸体的：

在他身上、肺部、肝部和心脏，共45处被割被捅的伤口。他的喉咙被割断，两个耳朵几乎被割了下来。肚子也被开了膛。

杀手处在疯狂之中，但话说回来这又只是他们的工作，冷酷无情执行的工作，因为他们跟姆先格并无个人恩怨。他们好像没有情感，不过是一部无情的效率极高的杀人机器的部件。

下面是德克·克埃兹在大赦申请中就杀害被警察绑架的一个东开普年轻人提供的供词：

水里滴了药水，然后灌进希茨维·孔迪勒嘴里……之所以（这样）把昏迷药给他灌下去，是因为我觉得任何头脑清醒的人……都不可能有胆量就那么……面对着另一个清醒的正常人……用枪抵住他的脑袋把他杀死。阿奇·弗莱明顿少校手下的一个人拿了一把装上消音器的手枪，趁……孔迪勒先生仰面躺在地上的时候，冲他头顶开了枪。人抽搐了一会儿，就完了……4个尚未进入现役的下级军官……每人提起一只手或脚，把尸体扔到轮胎和木柴堆上，浇上汽油，点着了火……这一切进行时，我们在喝酒，甚至还在火堆边吃烧烤。

我说这些不是为了显示我们的“胆量”，而是要告诉委员会这一切是多么残忍，而在那些日子里，我们又走到了什么样的地步……需要7个小时才能把尸体完全烧成灰。大块的肉，特别是屁股和大腿，必须在夜间不断翻动，才能保证一切都烧成灰……第二天早晨，我们把灰烬仔细检查了一遍，确定没有剩下一块肉、一根骨头，然后各自散去了。

人能够枪杀另一个人，并竟然在尸体火化时在一旁吃烧烤，这令人毛骨悚然。他们这么做，人性何在？他们怎么能咽得下去？对大部分正常人来说，焚烧尸体的臭气令人翻肠倒肚地恶心。难道他们带着双重人格——把自己分裂为两个人——生活下去吗？在这样的外出之后，他们如何还能回到家里，拥抱妻子，享受——比方说——孩子的生日聚会呢？

在东开普的许多案件中，人消失得无影无踪，因为尸体被烧成了灰。但是在“科拉多克四人帮”的案件中，1985 年 6 月几个活跃分子在从伊丽莎白港到克拉德克小镇去的途中被绑架，失踪一个星期后，人们发现了他们被肢解的尸体。然而，杀害马修·格尼维、福特·卡拉塔、斯贝罗·穆孔托和西塞罗·姆拉乌利的全部真相和凶手的身份，直到委员会成立后才披露出来。

代表被害人亲属出庭的乔治·比祖斯大律师，询问了申请大赦的警官之一约翰·马丁·范·泽尔。

**比祖斯**：范·泽尔先生，在 27 日晚你们杀害的 4 个人身上发现了 63 处刀伤。你是否同意地区法医对此的报告？

**范·泽尔**：主席先生，我不能不同意。

**比祖斯**：你是否同意这 63 处刀伤是野蛮行径的证明？

**范·泽尔**：主席先生，反省之后，当然是这样。可事实上，下达的指令是这次要杀得像联防治安袭击，如果用稍微仁慈一点的做法，就达不到同样的效果。

**比祖斯**：你的回答是否意味着你愿意像一个残忍的野蛮人一样行动，以便误导那些可能调查这起凶杀案的人呢？

范·泽尔：主席先生，实际上是的。

被捕的非国大活跃分子，面对监禁甚至死亡的威胁，有时会同意为警察办事。他们被叫做“askaris”[1]，在Vlakplaas的乔·马马塞拉就是其中的一位。根据他自己的供词，他曾参与了几十起对政治活跃分子的杀害活动，常常是打入青年团体内部，假装招募他们进行军事训练，然后把他们引入警察设下的死亡圈套。首席检察官想让他作为国家证人，并以此换取免于公诉。在首席检察官的保护下，乔拒绝了申请大赦，这既是藐视委员会，也是对他前主子表示愤恨。在他过去同事的大赦申请听证会上，他就1985年杀害伊丽莎白港黑人公民组织领导人“培伯克三人组”（Pebco Three）一案提供了证词：

在这个魔窟的所有经历中，我从没听说什么叫干脆利落地杀。根本没有这么回事，这只存在于那些到这里来、不想让其他人承受不必要痛苦的诚实和体面的人的心里。根本没有这回事——人总是被残忍地杀掉，死得连猪狗都不如，这才是事实……安全警察的目的，不仅仅是杀人，还要……在你断气之前尽量挖出他们想要得到的消息。施加的痛苦越重越好。这是一种施虐狂似的、精心设计的杀人方式，他们知道这一点，我也是其中一部分。

培伯克三人组包括斯波·哈舍、尚比龙·加勒拉和恰恰乌

1 祖鲁语，保安。——译注

里·戈多罗兹。他们在克罗多克附近一个废弃的派出所被杀。马马塞拉告诉委员会，哈舍先生对他的审讯者说，非国大“代表着民主的南非”。

> 这一回答似乎比什么都更让［吉德昂·］纽武德中尉恼怒，他抓起一根铁管，朝那可怜的老人头上不停地击打，其他人见他这样也一拥而上……他唯一的一点反抗就是击打声中的哀号。接着，纽武德中尉命令我把他的手塞到他的嘴里，止住他的叫声，免得惊动附近的农民。我和皮埃特·莫格埃拼命止住老头的叫声，我说的其他人则对他拳脚棍棒相加。
>
> 纽武德中尉用铁管数次击打老人的头部时，我看到鲜血从他的鼻孔、耳朵和嘴巴里涌了出来。我看到老人的眼球翻成了白色，而且还在转，似乎他就要昏迷或是死去……殴打一直没停，直到我看见老人满头满脸是血地趴在地上……
>
> 在殴打尚比龙·加勒拉的时候，发生了极为野蛮的事……准尉比斯拉尔掏出尚比龙·加勒拉的睾丸用力捏，直到挤成了高尔夫球大小。然后，他用右手使劲击打，打得很重。我眼看着他在变，他的脸色由惨白而发青，一些黄色的液体从他的生殖器中溅射出来。这是我在 Vlakplaas 的整个生涯中经历的最野蛮的事。我在这个魔窟中已经待得够久的了，我知道它是怎么回事，但我作为这些人的战俘，从未见过这样的事。我从来没有见过。这是我一生中经历的最丧尽天良的事。

马马塞拉曾渗透进去并把他们引向死亡的另一群人，是后来所谓的“克瓦恩德贝利九人团”（KwaNdebele Nine）。1986 年 7 月，这群年轻人在从比勒陀利亚以东的黑人城镇马梅洛地逃往农村的克瓦恩德贝利黑人家园途中被杀。马马塞拉对委员会说：

> 在“克瓦恩德贝利九人团”的案子里，他们在一所房子里遭伏击，九人全部被枪杀。杀他们用的是 AK-47 冲锋枪，然后［雅各·］厄克特中尉……拿来一大（桶）25 升汽油，浇在所有尸体上，点着了火。有的人还活着，可以听到他们的惨叫，所有人都被焚烧了。

在斗争的另一方，不断有人指控纳尔逊·曼德拉的前妻温妮·马蒂奇泽拉—曼德拉说 1988 至 1989 年由她在索韦托操纵的所谓“曼德拉联合足球俱乐部”，并非一群改邪归正的小青年和她的保镖。据说他们是一群小流氓，恐吓、纵火、绑架和杀害那些被他们视为“出卖者”，即为警察充当奸细、与“制度”合作的人。据说那些被怀疑为此类的人被施以酷刑，并常常被处决。人们说，他们这样做不仅得到曼德拉夫人的怂恿，而且得到她的支持和鼓励，甚至更令人不安的是，得到她的指使。在多项主要指控中，有一个轰动事件，涉及的是 14 岁的活跃分子斯登皮埃·赛伊佩伊。他从家乡奥兰治自由州的警察局逃了出来，躲避在循道宗牧师保罗·维尼（后来成为主教）家中。1991 年，曼德拉夫人被判从那里绑架了斯登皮埃。她称自己是从维尼那里救出了孩子，因为她发现牧师对前来避难的男孩子有鸡奸行为。1989 年 1 月，在荒野里发现了斯登皮埃被肢解的尸体。

我们对曼德拉夫人的保镖进行了特别听证。听证共持续了 9 天，是对一个政治领导人进行的为期最长的听证。一个接一个的证人指证她参与了袭击和杀害行为。足球俱乐部的“教练”是杰里·理查森，在委员会成立前几年，就被控杀害斯登皮埃，并被判处终身监禁。他从监狱来到委员会，讲述了斯登皮埃和另外三人是如何被绑架和审讯的：

> 我们用布尔人折磨自由战士的方式折磨这些孩子。我对斯登皮埃做的第一件事，就是从两侧把他举起，然后把他摔在地上。“妈咪”［曼德拉夫人］坐在一边看着。

一两天之后，一个被他称作“快刀”的帮手把遍体鳞伤的斯登皮埃带到了索韦托郊外一个荒无人烟的地方：

> ……我把他给宰了，就像宰一只羊似的宰了。我们让他趴在地上，我把剪枝用的剪刀插进他的脖子里。剪子扎进去后，我就开始动手了……
>
> 我是按照妈咪［曼德拉夫人］的指示杀死斯登皮埃的。妈咪自己从不杀人，但她利用我们杀了很多人。她甚至不到监狱来看我们。她利用了我们！

理查森说他还杀了普莱斯拉·莫索郁。她别号谷奇·泽瓦尼，是足球俱乐部一个成员的女朋友，被怀疑是内线，1988 年 12 月死于多处刀伤：

> 我用刀捅她，还割断了她的喉咙。我们把她的尸首扔了……我向妈咪报告说：“妈咪，我已经完成了您的命令。我

已经把谷奇杀了。”妈咪拥抱了我，说：“我的好孩子，我的好孩子。”

尼克德姆斯·索诺先生向我们讲述了最后一次见到儿子的情景。曼德拉夫人用小面包车把还活着的他的儿子带到他这里：

> ……他浑身是伤，脸上全是青紫色，实际上全肿了，好像有人把他打了一顿，又撞到了墙上……曼德拉夫人对我解释说鲁罗是个奸细……我开始求她。我跟她说，求求您，既然鲁罗已经挨过揍了，就把他交给我吧。如果要惩罚，他受到惩罚我可以理解，您难道不能把他交给我吗？……她拒绝了，还提高嗓门大声说：“我不能把他交给你。他是个奸细。”

又央求了一会儿之后，曼德拉夫人坐在车里绕着索诺先生的住处转了一圈，然后同意鲁罗的父母给他拿一件套头衫。索诺先生回到车边看到了儿子：

> 我看到鲁罗的时候，他状态很糟糕，他浑身发抖……我又开始乞求曼德拉夫人：“求求您，我的儿子已经挨了打，您就不能把他留给我吗？”……她断然拒绝：“这是个奸细。”她又对……司机说：“开车。”于是他们开走了。司机启动车的时候我一直在求她，直到她说：“我要把这条狗带走。（解放）运动组织会看着办。”

彼得·斯多利主教是当时约翰内斯堡地区循道宗的领袖，曾任教会的主席和南非教会理事会的前主席。他向我们详细讲述了教会为救出斯登皮埃和其他被绑架男孩子所作的努力。他的结论是：

> 我认为曼德拉夫人知道斯登皮埃出了什么事，也知道他是怎么死的……如果斯登皮埃真的是在她的住所被杀或被折磨得半死的话，我想她应该知道……

阿扎尔·卡查利亚和墨菲·莫罗贝是大众民主运动这个松散的内部反种族隔离组织的领导人。他们告诉我们，斯登皮埃死后，他们公开发表声明，疏远曼德拉夫人和足球俱乐部的行为。卡查利亚先生解释说：

> 当时我们认为已经存在客观事实。首先，包括斯登皮埃的4名男性被从牧师的住处带到曼德拉家里。其次，他们被迫滞留曼德拉家时遭到毒打。第三，一个叫肯尼斯·克加塞的年轻人1月7日逃了出来，并报告了他的遭遇。第四，斯登皮埃不仅在家中被拷打，而且随后被残酷杀害了。
>
> 对曼德拉夫人来说……从好处说她是知道而且鼓励了这一犯罪活动。从坏处讲，她可能指挥并积极参与了这些活动。第六，保罗·维尼被陷害。第七，教会、社区领袖、曼德拉先生和［非国大］主席奥利弗·坦博寻求曼德拉夫人的合作、遣散这群小流氓的努力，均告失败。

斯多利主教总结说：

> 主要的毒瘤可能是、过去是、将来也是种族隔离压迫，但二级感染（Secondary infection）已经影响到许多种族隔离的反对者，侵蚀了他们分辨善恶的能力。生活的悲剧之一，就是我们可能变成我们自己所憎恨的东西。我总觉得这场悲剧就是一个例证。

下文讲述的是1986年在德班海滨的“Why Not”和玛古酒吧外发生的非国大汽车炸弹事件。格莱塔·阿佩尔戈兰和罗伯特·麦克布莱德一起被捕。爆炸使3人丧生、69人受伤。格莱塔本是罗马天主教徒，后改信伊斯兰教，取名扎哈拉·纳克迪恩。我们在南非广播公司制作的纪录片中通过安吉·卡佩里阿妮丝的报道了解到事情的经过：

> 1986年冬。扎哈拉·纳克迪恩和罗伯特·麦克布莱德在远东兰德省的尼杰尔被押上车。他们的双手被铐在背后。厚重的呢大衣把他们从前到后遮住，挡住了整个脸。他们就这样坐了三个小时的车，汗水浸透了大衣。在德班的CR斯瓦特警察局，扎哈拉·纳克迪恩被审讯并受到折磨。在13层楼上，酷刑日复一日，整整持续了一个星期。当他们辱骂她的时候，她就转动手中的念珠……默默祈祷。

纳克迪恩女士也因其在爆炸案中的角色而到委员会接受讯问。她在约翰内斯堡的一次听证会上，讲述了未经庭审便被监禁的人和囚犯在狱中受到的待遇。她首先讲述了她遭受的酷刑和单独监禁：

开始7天，他们的确没少折磨我，因为我觉得我没有必要合作……我为自己是MK［Umkhonto we Sizwe，非国大的武装派别“民族之矛”］的同志而骄傲，为自己参加了斗争、是个革命者并愿意承担后果而骄傲。他们想从我嘴里得到一些东西，所以折磨了我7天。但最终把我打垮的，是他们威胁要到我姐姐住着的我的住所，把我4岁的外甥抓来，从13层楼上扔下去。

这时候我感到极端的虚弱，因为我觉得我可以用自己的生命冒险，把我自己交给这些人，任他们糟蹋，但是我不能把别人的身体交出去，于是这时候我答应与他们全面合作。此时，我已经变得越来越虚弱……［他们］常常在7点半或8点早饭后，把我提出来审讯一整天，接着持续到夜里，一直折腾到凌晨两三点钟。我始终都得站着，他们一群人对我谩骂尖叫，但我可以忍受，因为我可以默默祈祷，对他们的谩骂充耳不闻。

他们开始意识到我可以忍受这种谩骂，于是找来了一只塑料袋……一个人抓住我的双手，另一个则把塑料袋套到我的头上……然后，他们把口扎紧，使我不能呼吸，并持续了至少两分钟。塑料袋已经粘到我的眼睑、鼻孔和嘴巴上，我的整个身体开始抽搐，因为我真的无法呼吸……

折磨我的时候，他们总安排一个女的在场。他们问她是否要避开一会儿，因为他们要加重刑罚。这些日子我一直穿着同样的衣服，一条长裙，而且还有月经……血流得很多。他们让我躺在地上做各种运动，用手把身体支撑起来，即他们所谓的俯卧撑，然后减少手指数量，直到我只能用两个手指支撑身体。这时，我已经不行了，因为我太累了，浑身酸痛，我只能摔在地上，再撑起来，每摔下去一次，膝盖都磕得生疼。我倒下去时，他们就踢我、踩我……

接着，她被关了100多天的单独监禁：

真正让我难受的是那些老鼠……老鼠很大，像猫似的，囚室里有，走廊里更是从没少过。我坐在那儿吃东西，三只老鼠就会蹲在旁边看着我。我在院子里祈祷时，老鼠就在周围，我把它们轰走，但一会儿它们就又回来了……一天晚上，一只老鼠爬到了我的身上，我没有在意，直到它一直爬到我的脖子上。我像疯了一样，尖叫声响彻整个监狱……看守跑了过来……看到我蜷缩在角落里，啃着自己的T恤衫。我给惊吓到了这样的地步。

在彼得马里茨堡庭审时，她被女狱监当做危险的恐怖分子，并根据监狱规则，每天被迫两次脱得精光：

我不得不赤身裸体地站着。我曾说：不，我再也不给你脱裤子了。你尽管搜吧，你搜完了，我会很快脱下来的。

被判监禁后，在种族隔离下被划分成“有色人”的纳克迪恩女士，因为和其他囚犯发生冲突而受到黑人同志的指责。她被送进单人囚室关了7个月：

> 所以，我必须为自己是有色人付出代价。这是我第一次面对自己属于少数人这一事实……即使我的同志也利用我不是真正的非洲人这一点。我很痛苦……我的父母一直教导我，祖鲁祖先对他们多么重要，因此还要被自己的同志折磨，令人痛心……
>
> 我简直不愿再提我必须具备怎样的心理状态才能活下来。总有一天，我会写下来，但我说不出来。不过，我的确学到了点东西……即人不能单独活着……因为自己一个人是无法生存下来的……随着日子一个月一个月地过去，我感到自己在一点点沉入地狱……孤独的日子一个月一个月过去，我觉得上帝抛弃了我，整个世界抛弃了我，我一个人孤零零地处在整个宇宙中……
>
> 现在我已经出狱……7年，但还没有恢复，也永远不会恢复了。我知道，我不会……出来后的前两年，我尽量使自己正常，但我越努力，越感到不安。我必须承认自己受到了伤害，我的一部分灵魂被蛆吃掉了。这听起来很可怕，但我永远找不回来了。

比尔·莫叶斯为美国公共广播公司（PBS）制作了题为“面对真相”（*Facing the Truth*）的有关真相与和解委员会的纪录片。其中也不乏相似的故事。他采访的人中有一位叫唐迪的索韦托妇女，在监禁期间也遭到折磨。她屡遭奸污。她说她能活下来，是因为她把自己的灵魂从身体中取出来，放在了奸污发生的囚室的角落里。经过这样的分解之后，她就可以冷眼观瞧这些人蹂躏她的身体，他们想让她恨自己，也说她肯定会恨自己的。她一边想象着不是自己而是一个陌生人在遭受侮辱，一边嘴里念叨着充满同情的话。她眼中噙满泪水，说自己还没有回到那房间去取回她的灵魂，它还待在她把它留下的那个角落里。

从 1982 年起，国家安全部队的秘密行动有所增加。例如，在“零零行动”（Operation Zero Zero）中，乔 · 马马塞拉引诱 8 名东兰德的年轻活跃分子，答应训练他们如何使用手榴弹以对付警察。8 个人拿到的是做过手脚的手榴弹，一拉引信，便被炸成了碎片。一个叫玛姬 · 斯克萨娜的姑娘，自己也是参加斗争的活跃分子，好心把马马塞拉介绍给了这群年轻人。结果，她被怀疑是“出卖者”，是奸细，遭到一群人的攻击，并成为所谓“项链”——把轮胎套在脖子上、灌满汽油点燃——这种残忍杀人手段的最早受害者之一。这种没有心肝的杀人手段被媒体广泛宣传为黑人对黑人的暴力行为，并为国民党的宣传机器大肆利用。

玛姬的家人因为自己的亲人是奸细，不得不在耻辱中生活，并长期遭到排斥和诋毁。在委员会的工作中，令人欣慰的时刻之一，就是通过大赦进程，真相终于大白，弄清了 8 个人的死是由于国家的“肮脏伎俩”，玛姬不是奸细。玛姬的家人恢复了名誉，重新为社会接纳，这真是社会和解的一个壮举。她不可能复生，但人们将充满敬意地缅怀她，而不是认为她死得不干不净。

由于种族隔离本质上是邪恶和不道德的，因此它也必须使用同样邪恶和不道德的手段加以维持。1988 年 6 月 12 日，即索韦托暴动 12 周年纪念前夕，马梅洛地公民协会秘书长斯丹察 · 伯帕佩被拘留三天之后死在狱中。当时的警察署长阿德里安 · 弗洛克宣布斯丹察·伯帕佩在被从约翰内斯堡押往南边的法尔时逃跑了。难以置信的是，戴着手铐的伯帕佩显然是找到了钥匙，打开手铐，逃过了三个忙着换轮胎的警察，跑到了也许是莱索托。谁都知道警察动辄开枪，而这三个警察竟无一人对他开枪，这怎么可能呢？弗洛克先生公然说谎，并误导公众。结果，伯帕佩的家人在与南非北部相邻的“前线国家”的流亡者中，徒劳地寻找着亲人。在委员会的听证会上，他的母亲几次泣不成声，说她只要“那些和他一起的警察到这里来，告诉她尸骨在哪里”。

一个内阁部长和警察署长可以大言不惭地伙同其部下，大肆掩盖事实，迷惑公众。从后续的大赦申请中，我们得知斯丹察·伯帕佩受电刑后死去。警察害怕在这样一个敏感的纪念日前在一触即发的民众中引起不测，于是撒了谎，并在混淆视听时得到内阁部长和警察署长的支持和怂恿。他们将尸体秘密运到当时的东特兰斯法尔，扔进了鳄鱼四伏的河里。如果没有大赦进程，这一切将永远掩藏在种族隔离隐藏其秘密的阴暗角落里。伯帕佩一家知道了自己亲人的尸骨所在，至少心中可以有个了断。

在东伦敦进行的首次受害者听证会上，最后一个上台的证人是辛括瓦纳·马尔加斯先生。他现在不得不坐在轮椅里，但正当年时，他作为非国大的一员，在政治上非常活跃，因而也不可避免地为法律所不容，被警察骚扰。他照例受到折磨，并在关押黑人政治犯的罗本岛服刑。这一切使他在一次中风后半身不遂，说话困难。他告诉我们他受到酷刑折磨。于是伯莱恩博士请他讲述一下他遭受的酷刑。我当时觉得自己这一天表现得还不错：尽管聆听着一个个揪心的故事时，我几乎泪水盈眶，但我还没有泣不成声，而这已经是那天最后一个证人了。伯莱恩博士终于让我无法再控制自己的感情。马尔加斯先生讲述了施加在他身上的一些酷刑手段。他讲到了一种后来我们又多次听到的刑罚——所谓的“直升飞机”——警察将犯人双手反铐在背后，双踝捆在一起，然后将人倒吊旋转。

马尔加斯先生费力地讲述着。是他不忍再回忆起这一切，还是他的舌头无法讲清他对我们的诉说，我不得而知。（他在我们向曼德拉总统提交《报告》之前就去世了。）无论出于什么原因，他干脆用正常的那只手掩住自己的脸，痛哭起来。我已经听得太多了，已经无法再承受下去。我无法止住自己的泪水，像个孩子一样哭了起来。我伏在桌上，用双手掩住了脸。后来我对别人说，我这个人爱笑，也爱哭，恐怕并不是领导委员会的合适人选，因为我知道我很脆弱。

好在那是我在委员会期间最后一次当众哭泣。我向上帝祈祷，不要让类似的事情再次发生，因为媒体的注意力会一下被吸引到我身上，而忽略了他们本该关注的证人。我有几次几乎泣不成声，但终于还是忍住了。

正是这类证词让我意识到我们会堕落到何等地步，我们每个人都有邪恶的超凡能力。我已经讲过，这适用于我们每一个人。没有什么可自命清高或指责他人的。我们已经给了上帝足够的证据，让他可以像大洪水前一样扫净一切，重新开始。应该注意的是，具有这些行径的人实际都是普通人。他们既不头上长角，也没在屁股上拖着条尾巴。他们和你我没什么两样。哲学家汉娜·阿伦特讲到过“邪恶的平庸表象”——卷入邪恶的人外表当然不一定丑恶。无论其居心如何，他们就是像你我一样的正常人。

值得庆幸的是，这只是事情的一个方面——委员会得到的证词反映出的阴暗的一面。证词同时也揭示了令人骄傲的另一面。有时上帝在巡视自己的杰作时，可能也会洋洋得意的。据载，上帝在完成了创造世界的工作后，宣布他的所见不仅像他每完成一件工作后所说的那样好，而且是很好。我们仿佛能看到上帝为他创造的生命的美和善，而搓着双手兴奋不已。上帝在《约伯记》中对撒旦讲话时就断言他的创造之善美。当时撒旦还没有堕落成处处与上帝作对的邪恶源泉。在这个故事中，撒旦仍是上帝天庭中的一员，尽管他已经明显地在变成一个上帝的仆人的资格检验官，就如同当今法庭上检察官总是揭出证人的痛处，削弱其证词的分量一样。上帝骄傲地指着约伯问撒旦，他是否已经考虑过上帝的仆人约伯。实际上，上帝是在炫耀，他实际上是在问撒旦："你不觉得他很了不起吗？"不管怎么说，是上帝为他消灾免祸，让他飞黄腾达的。让上帝如此娇宠的人，本没有什么自身的长处。上帝是把自己的名誉押到了约伯身上，而约伯不得不忍受种种苦难，因为撒旦希望约伯为自己承受的无名之苦而谴责上帝。

上帝一定看到过他创造的人类高贵、热诚和慷慨的时刻。当他看到那些不畏暴君的人、那些为信仰而死的人所表现出的正气和勇气，当他看到圣方济各、特蕾莎修女[1]、马丁·路德·金和曼德拉时，上帝一定说过："不，这个险还是值得冒的。他们没有辜负我对他们的信任。"上帝会又一次得意地搓着手说，他的所见不仅仅好，而且是很好。

1 Mother Teresa，印度天主教仁爱教会创建人，1979 年获诺贝尔和平奖。——译注在东开普进行的听证会上，也有一个故事表现出人类精神的崇高。解放运动之一的泛非大会通过其武装力量阿扎尼亚人民解放军，决定加强武装斗争，宣布1993年为“大风暴之年”，尽管当时种族隔离政府和反对派的谈判已经开始。首先袭击的目标是1992年11月在威廉王镇高尔夫俱乐部举行的品酒会。4人死亡，蓓丝·萨维芝女士是重伤员之一。她接受了开胸手术，在特护病房住了整整7个月。出院时，她仍然生活不能自理，靠她的子女为她洗浴、穿衣和喂食，为她料理我们连想都不愿想的事情。这对她是很大的不幸。她的双亲对此特别想不通，因为他们从来都是教育孩子要尊重他人，无论其种族或地位如何。在当时的南非，这样做的确勇气可嘉。他们不明白，为什么在一个反对种族隔离及其疯狂政策的家庭长大的孩子，反而成为他们竭力相助的人的袭击目标。他们不能接受没有特定目标的袭击，即任何白人都是目标，因为在高尔夫俱乐部举行的聚会上，任何人都无法区分谁支持谁、谁反对谁。

蓓丝·萨维芝认为她的父亲是伤心而死。她告诉我们，即使到了1996年听证开始时，她仍然不能通过机场的安全检查。各种警报警灯都会启动，因为她身上仍存留着弹片。她讲述的这场经历给她带来的影响，颇为震撼人心：

> 总之，我必须说，经过这一切创伤之后，我感到更加充实。我觉得对我来说，这的确是一种丰富了人生的经历，是一条成长的曲线。我借此与遭受同样创伤的人们产生了共鸣。

她说这一切丰富了她的人生！这才真是出语不凡，再一次表明我们中间的确有出类拔萃的人。如果仅此而已的话，她的话已经不同凡响。可是，当被问及她对给予罪犯大赦有何看法时，她接着说：

> 这对我来说并不重要。但是，正像我对许多人都说过的那样，我真心希望的，是以宽容的精神，和向人群扔手榴弹的人见面，并希望无论出于什么原因他也能够原谅我。我的确很想和他们见面。

她的崇高姿态令我们许多人肃然起敬，并为几乎所有的受害者——无论黑人还是白人——表现出的宽容大度，而充满了深深的感激之情。这似乎是我们国家的好兆头。

在东伦敦同一场听证会上，我们还听取了科拉多克四人帮的遗孀们的证词，其中包括诺蒙迪·卡拉塔、诺布依塞罗·姆拉乌利及其女儿巴巴尔瓦·姆拉乌利。巴巴尔瓦意思是“幸运儿”，而她在听证会上所说的一字一句，也的确给听众带来了幸运和祝福。

这 4 个人致力于为其生活的乡村建立新的社会秩序。乡村遭受的种族隔离之苦比城镇更为深重。（不过很难让城镇居民相信这一点。他们都认为自己的生活状态形同地狱。）4 人在被绑架和杀害之前，都经常遭到警察的拘留、拷打、威胁和骚扰。

受害者之一福特的妻子诺蒙迪·卡拉塔在我们的第一次听证会上作证：

> ［东部省］《导报》送到的时候，我看了看大标题。我的一个孩子说：“妈妈，看这儿！爸爸的车被烧了。”当时，我浑身颤抖，害怕丈夫会遭不测……尼亚米［格尼维，科拉多克四人

帮中另一受害者的遗孀］总是非常帮忙，当时我才 20 岁，不能应付这一切，于是我被送到尼亚米家。我到的时候，尼亚米正在嚎啕大哭……

证词讲到此时此刻，卡拉塔太太忍不住放声痛哭。这种哭声几乎成了真相与和解委员会的特征之一，人们来到这里，可以哭泣，可以敞开他们的心胸，可以把心中郁闷已久、无人理会的愤怒发泄出来。我宣布休会，让她平静下来。重新开始时，我带领众人唱起了 *Senzenina?*（《我们做了些什么？》）。

后来，诺布依塞罗 · 姆拉乌利太太讲述了他们是如何对待她的丈夫西塞罗和巴巴尔瓦的父亲的：

我阅读了验尸文件……在上腹部有 25 处伤。这些伤表明，他们要么用不同的凶器捅了他，要么许多人同时在打他。下腹部也有伤，但是伤口数量达到 43 处。我们还知道，他们往他的脸上泼了酸。然后，他们齐腕剁下他的右手，怎么处置的那只手，我就不知道了。

事实上，那只手被泡在酒精里，保存在伊丽莎白港的警察总部。警察就用这被叫做“狒狒之爪”的手，恐吓拘留的人。他们说，如果不与警察合作，拒不交代，那么这就是他们的命运，而且可能更惨。

巴巴尔瓦（西塞罗的女儿）知道所有这一切。她经历了母亲在安全警察手下遭受的所有骚扰和侮辱。她讲述了自己作为一个活跃分子的女儿的故事。这中间既有城镇人民给予的温暖和支持，也有警察带来的无休止的折磨。

她讲述完自己的经历后，说她想见到杀害她父亲的人。她说得很平静，带着她同龄人少有的成熟和尊严。整个大厅静得能听到一根针掉在地上，只听她说："我们确想宽恕，但不知宽恕谁。"

当时还不知道罪犯的身份。种族隔离政府曾进行过死亡调查，并任命了司法委员会负责将此血腥案件调查到底。警察部门把这一切变成了一场骗局。他们使出浑身解数串通一气提供伪证。直到罪犯们利用委员会的大赦进程申请大赦时，方才真相大白，揭露出杀害科拉多克四人帮的凶手实际上是警察部门。

1992 年 9 月，发生了后来被称为"比绍大屠杀"的惨案。比绍在东开普省，是奥乌帕 · 格阔佐准将统治的"独立"家园西斯凯伊的首府。开始时他对非国大颇为友好，但后来关系逐渐紧张。他宣布西斯凯伊为该党的禁地后，关系更加恶化。非国大决定在比绍组织游行，宣传在所有家园特别是西斯凯伊、博普塔茨瓦纳和夸祖鲁应有政治活动的自由。（这些以及其他家园都是在种族隔离政府分而治之的政策下建立起来的，其目的是要剥夺所有南非黑人的公民身份，使他们成为遍布南非的、以种族为基础的、七零八碎的班图斯坦的公民。夸祖鲁抵制住了政府迫使其"独立"的努力，但三地的领袖都感受到了非国大的威胁。）

非国大举行政治活动自由游行时，西斯凯伊的国防军士兵开枪射击手无寸铁的游行者，造成 30 人死亡。28 名示威者当场中弹死亡，一个西斯凯伊士兵被同伴误杀。另一个非国大的支持者于 1995 年因伤重不治死亡。

委员会就比绍大屠杀进行了两次听证会，而第一次举行的地点就在离惨案发生地点不远的比绍。现场挤得水泄不通，人群中既有当年受伤的人或死者的亲属，也有参加过那场最终变成了惨案的游行的人。会场气氛紧张浓烈。一些曾参加游行的非国大高级领导人将出面作证，其中有当时的非国大秘书长谢里尔·拉马福萨，他后来成为制宪议会的主席，为我们奉上了令世人称颂的宪法；还有现任水利事务部长罗尼·卡斯理尔斯。

最早的证人之一是西斯凯伊国防军的前首领马里奥斯·奥埃尔齐格少将。他激怒听众的，与其说是他说话的内容，不如说是他说话的方式。也许他保持着军人的姿态，充分控制着自己的情感。或许这是军人本色，不应喜怒形于色。但当人们受到了伤害，感情极其脆弱的时候，这种态度就显得过于冷漠和铁石心肠了。他讲完证词后，大厅里的气氛骤然升温。

其他证人是前国防军军官，包括一个白人，其他都是黑人。白人军官赫斯特·舒贝斯伯格上校是他们的代言人。他说，的确，他们命令士兵开了枪。会场的气氛紧张得好像凝成了硬块。听众的情绪越来越充满敌意。接着，他转向听众提出了不同寻常的请求：

> 我要说我们非常抱歉。我要说我们终生都将背负比绍大屠杀的重负。我们无法让它消失。事情已经发生了。但是，我特别请求那些受害者不要忘记——我无法提出这样的请求——但是求你们宽恕我们，让军人们重新回到社会中去，完全接纳他们，设想一下他们当时承受的压力。我只能做到这些。我非常抱歉，这个我可以说，我非常抱歉。

原本恨不得绞死他们的人群此时作出了出人意料的举动。大厅中爆发了雷鸣般的掌声——难以置信！气氛发生了惊人的变化。上校的同事一一表示抱歉，等掌声渐渐停息时，我说：

> 我们是否可以静默一会儿，因为我们现在经历着极其深刻的历程。我们都知道，请求宽恕并非易事，宽恕他人也同样不容易，但我们也都知道，如果不能宽恕别人，就没有前途。如果夫妻吵架，其中一方不说“我很抱歉”，而另一方也不说“我原谅你”，那么关系就难以维持。我们的总统和许多其他人都为我们做出了榜样。

谁也没有料到那天事情的转机。仿佛有人挥动特殊的魔棒，将愤怒与紧张瞬间化解为了社会宽容、前嫌尽弃的壮观场面。面对这样的场面，我们感到自己的渺小，也深深地感谢所谓普通人所表现出来的大度和崇高。

1985 年圣诞节前夕，南非军队袭击了内陆高山王国莱索托的首府马塞卢。袭击导致 9 人死亡。4 天之后，夸祖鲁—纳塔尔省的海滨小镇阿曼泽姆多蒂的一个购物中心发生爆炸，5 个从北部来此进行圣诞购物的人丧生。年仅 19 岁的非国大活跃分子苏布西索 · 安德鲁 · 荣都坚持说这是对袭击莱索托的报复。他被判有罪，判处死刑，并在 1986 年 9 月执行。他的两个同伙也被警察处决。

爆炸案中的死者之一是科尼留斯，即到委员会作证的约翰 · 史密特先生 8 岁的儿子。（前面我已经提到他在儿子死后作出的不同凡响的反应。）

> 我告诉报界，我认为我的儿子是个英雄，因为他是为自由、为被压迫的人民而死。很多人因此批评我，认为我是个叛徒，并谴责我，但我仍然这样认为。人人都把非国大叫做“恐怖主义者”，却看不到事情的另一面。如果我不是因为自己的亲身经历，不是亲眼看到［黑人］是怎样斗争的话，我也不会意识到这一点。

这番话的确不同寻常。一个父亲本来应为自己的儿子被夺去幼小、无辜的生命而怒火冲天。然而，这个白人父亲，而且还是个阿非利卡人，所说的话令人感动莫名。这本是我们梦想得到但又不敢希冀的东西。奇迹在我们眼前发生了，我们不是在做梦。我们亲耳听到了他的话，却又不敢相信自己的耳朵。

1993 年 8 月，泛非学生组织（PASO）联合支持非国大的南非学生大会（COSAS），在开普敦举行示威游行。学生们砸了很多汽车，全然不顾非国大对其行为的谴责。他们的口号也充满杀气，如“一个定居者，一粒枪子儿”、“杀了农场主，杀了布尔人”等。一些年轻的黑人活跃分子在大赦申请中说，是这些口号煽动他们进行了血腥的活动。

艾米 · 比埃勒是来自美国加州的富布赖特基金资助的西开普大学学者。来到南非之前，她曾长期参加斯坦福大学的反种族隔离学生运动。1993 年 8 月 25 日，她开车送几个学生朋友到古古乐图去。一群年轻人用石头砸他们的车。艾米和朋友们下车后，人群开始追赶他们，用石头砸她，用刀砍她。具有讽刺意味的是，如此献身正义的她，竟死在她支持的人们手中。

她的家人显然悲痛欲绝。然而，他们没有满怀仇恨、寻求报复，没有反对那些残忍地杀害了亲人的凶手申请大赦。比埃勒夫妇参加了大赦申请听证，并表示完全支持和解与大赦进程。他们与杀害女儿的凶手的家人拥抱在了一起。

更值得称道的是，他们建立了艾米·比埃勒基金会，其宗旨是要帮助镇上的年轻人，而镇上的居民很可能就有人参与杀害了他们的孩子。比埃勒夫妇经常回到南非，关照基金会的事务，并经常经过他们的女儿命归九泉的地方。他们作证说，女儿的死使他们有了更为深刻的认识，他们花费了大量时间、精力和金钱，帮助女儿死去的那个社区的年轻人。他们热诚地致力于拯救古古乐图的青年，拉他们走出命中注定的死胡同，把他们从暴力犯罪中解救出来，走上具有责任心的成长之路。

20 世纪 80 年代，非国大开始爆炸行动。它声称爆炸的目标是安全部队人员或其工作场所，如警察局和军事设施。但是，与非国大宣布的意图相反，爆炸中死伤的大部分是平民。

第一次大规模爆炸发生在 1983 年 5 月 20 日比勒陀利亚的教堂街。威力巨大的汽车炸弹在南非空军总部所在的市中心爆炸，21 人死亡，219 人受伤。其中 11 位死者为空军总部工作，两位是非国大武装力量成员，其余均为平民。

219 名伤者中，有一位双目失明的内维尔·克拉伦斯先生。他费尽周折才从空军得到伤残赔偿和抚恤金，但是他却对违反人权案件委员会说：“我对汽车爆炸案的罪犯，无丝毫怨恨，从来没有过，将来也不会有……”

策划这场爆炸的人申请大赦时，他参加了听证会。主要申请人是阿布巴克·伊斯迈尔先生。内维尔·克拉伦斯没有对大赦提出异议。相反，他走到已经为造成平民的伤亡而道歉的伊斯迈尔先生面前，与他握手，并说尽管他的行动让自己双目失明，他还是要原谅他，希望携起手来，为所有人的幸福共同努力。他后来说，他们的手紧握在一起，仿佛不愿松开一样。他们握手的场面在电视上播放，并登载在报纸的头版头条。这比语言更能说明和解与抚慰进程的意义，成为真相与和解委员会的标志之一。

我把到委员会作证的受害者形容成“出色的”、“非凡的”和“特别的”，他们也的确名副其实。但是从另一重要意义上来讲，他们又不是“出色”、“非凡”和“特殊”的，因为他们并非唯一的例外或是不合常情。否则，南非应对分裂的、可怕的、伤痕累累的过去的方式，就不可能成为世人仿效的典范，因为那样说来它就不可重复。那种说法也有不顾事实之嫌——比埃勒一家就是例证。他们不是南非人，而是美国公民。因此，南非人没什么特别。或许更好的说法是，每个民族都有平凡的人能够成就不凡的事，都有人民在面对过去时可以让真相与和解委员会的进程成为可行的选择。犯下滔天暴行的人是如你我一样的普通人，很可能就是自家邻居；同样，那些显示出非凡的宽容和大度精神的人，也可能就是附近的街坊。令人欣喜的是，宽容与和解在哪里都是可能的，而且也确实常常无声无息地发生着。

下面的故事发生在美国。玛丽亚塔·杰埃格和丈夫带着 5 个孩子在蒙大拿州度过了愉快的暑期野营假期。假日的最后一天，她最小的孩子 7 岁的苏西失踪了。玛丽亚塔抱着一线希望，盼着找到女儿。一天晚上，劫持苏西的人打来电话，她以为有希望了，但那人不过是想嘲弄她。最终，罪犯落入法网，孩子的尸体也找到了。她见到了杀害女儿的凶手，并说她宽恕他。下面就是她对这段经历的讲述：

> 我终于认识到，真正的正义不是惩罚，而是恢复，不一定是恢复原来面目，而是恢复本应该具有的状态。在我信仰的希伯来和基督教的教义中，那里描写的上帝是充满慈悲和爱心的上帝。上帝寻求的不是惩罚、毁灭或把我们置于死地。他总是不懈地努力着，帮助和抚慰我们，让我们恢复与和解，让我们重新获得我们生而应有的丰富而充实的生活。现在，这就是我要对杀害我女儿的凶手行使的正义。
>
> 尽管他可被判死刑，但我觉得以苏西的名义处决劫持犯，会玷污了她的可爱、美丽和善良。她值得我们用更加高尚和美好的方式来纪念，而不是把这个已经毫无招架之力的囚徒，以既定的方式冷冰冰地处死，无论他的罪行是多么该死。我觉得我对她最好的纪念，不应是做出我所痛恨的事，而是告诉大家每一个生命都是宝贵的，都值得保留。因此，我要求检察官采纳另一判决——终身监禁，不得保释。我的要求得到了满足，而且这一判决作出后，罪犯才供认了杀害苏西和另外三个孩子的罪行。
>
> 我承认，一开始我真想亲手杀了这个家伙，但他的罪行结案后，我深信我最好和有益的选择莫过于宽恕。在失去女儿后的20多年里，我一直在帮助受害者和他们的家人，而我的经验一再得到证实。受害者的家属当然有权感到愤怒，这是人的正常反应，但是始终抱着复仇心理的人，最终只能给罪犯又送

> 去了新的受害者。他们为过去困扰、折磨，无法解脱，生活质量受到严重损害。无论我们多么有理，我们的不宽容只能伤及自己。气愤、仇恨、恼怒、痛苦、报复——这一切是死神的精灵，会像夺去苏西的生命那样，也夺去我们的“一部分生命”。我相信，我们要成为全面、健康和快乐的人，就要学会宽容。这就是玛丽亚塔福音中永恒的教训和经验。尽管我不愿事情如此，但从我女儿之死中得到生命礼物的第一人就是我。[1]

故事震撼人心。

无独有偶，爱尔兰总统玛丽·麦卡利斯在其著作《不屈的人生——乱世之爱》[2]中，讲述了格登·威尔逊在其女儿惨遭杀害后的非凡举动：

> 能达到如此平静的精神状态，绝非一般人之所为。我想他们该是某种圣人，不是那些被美化、被册封的圣徒，而是与他们在一起我们可以感到上帝就在身边的那种人，因为无论他们身处何处，都有上帝相伴。上帝不是他们的保镖，也不会像苏联坦克一样为他们开道。他的陪伴就如同女高音的纯净声音与妙曲相伴，如同露滴与玫瑰相依。
>
> 格登·威尔逊就是这样一个人。他是那么恪守仁爱的准则，以至当自己可爱的女儿玛丽在恩尼斯基林爆炸案中惨遭不幸时，爱和宽容的话语是那么从容地从他的口中道出，自然

1 R. D. 英赖特与乔安娜·诺思合编：《透视宽恕》(*Exploring Forgiveness*)，威斯康星大学出版社，1998 年。

2 *Unreconciled Being — Love in Chaos*，伦敦与伯克姆斯特德，1997 年。

得如同孩子的眼光必然追逐着母亲。他的话让我们羞愧，让我们始料不及。他的话和我们所想到和习以为常的是那么不同。这些话带着平静和超然，来到了我们甚至不忍目睹的丑恶的地方。然而，他也遭到了诽谤，而且令人难以置信地收到大包大包充满仇恨的信件。人们叫喊着，你怎么胆敢宽恕？宽恕杀了自己女儿的凶手，你算什么父亲？他们好像从未听说过爱和宽容的教义，好像是有史以来第一次听别人讲话，而从不知基督曾经说过“父亲，原谅他们，因为他们不知自己的所为”。一个教徒就格登·威尔逊的事对我说，“这个可怜的人一定是悲伤过度了”，好像给予爱和宽容，是意志脆弱而非精神力量的表现。

上帝可能的确有后悔把我们造出来的时候，但是我想更多的时候，上帝看到的是那些在邪恶、酷刑、侮辱和痛苦的暗夜中闪亮的人，是那些勇于宽容、具有崇高精神和宽宏大度的人。他们驱散了阴霾，带来了清新的空气，改变了事情的面貌。人们因此满怀新的希望，希望绝望、黑暗、气愤、恼怒和仇恨不会最终占据上风，希望丧尽天良的罪犯找回他们的人性，而化敌为友的新局面得以最终形成。这不是不负责任的胡思乱想。这样的事已经发生，而且正在发生，噩梦有望过去，乱麻终将解开。上帝拥有一支出色的人马和非凡的同道。

我们每个人都有成就大善的能力，上帝也一定因此会说值得冒险把我们创造出来。非同一般的是，全能的上帝要依靠我们——我们这些渺小、脆弱、不堪一击的人，才能实现他要达成的善良、正义、宽容、抚慰和大同。上帝只有我们。希波的圣奥古斯丁说：“上帝不能没有我们，就如同我们不能没有上帝。”

一个冒冒失失的年轻物理学家对一个土里土气的俄国牧师，陈述了所有无神论的理由，然后傲慢地说：“因此，我不信上帝！”那个小牧师不仅不生气，反而平静地回答道：“哦，不要紧。上帝是相信你的。”

上帝相信我们。上帝依靠我们帮助他把这个世界变成他所希望的样子。

# 第八章 “我感到如重见光明一般”

颇有一些人对委员会不屑一顾，嘲笑它是Kleenex纸巾委员会，因为证人在公开听证会上常常痛哭流涕。还有些人希望真相与和解委员会失败，他们傲慢地质问委员会究竟成就了什么和解，揭露了什么真相。他们挖苦我们，说我们得到的不过是些哗众取宠、毫无根据的信口胡说。

如果我们问这些讽刺家他们自己为促进和解有何作为的话，往往只能听到他们嘟嘟囔囔为自己辩解。他们好像忘了，如果没有真相与和解委员会的进程，没有不进行报复以及南非人应努力建立一个没有种族或派性冲突的新国家这一过渡协议，他们可能根本没有在这里高谈阔论的一天。我们是多么迅速又是多么容易就认为一切理所当然啊。南非的很多白人都认为，他们有权得到和解和宽恕，而无须出半点力去帮助这一关键而艰难的进程。

（这是笼统地讲，当然任何笼统的说法都会忽视了那些甚至在种族隔离压迫最为深重的黑暗岁月里也坚持正义的出色白人。他们中间许多人也遭受到白人同胞的敌视。他们被排斥，甚至常常被拘捕、折磨，遭受了在这个国家所有敢于站出来逆潮流而动和被诅咒的人所遭受的痛苦。他们对我们斗争的贡献无可限量、不可或缺，我要向他们致以深深的敬意。)

尽管如此，我必须沉痛地指出，许多白人都过快且过于轻率地忘记了，我们国家的确处在灾难的边缘，完全可能陷入吞噬了诸如波斯尼亚、中东和北爱尔兰这些地方的那种屠杀和动乱。我们应该感激涕零，因为我们的局面完全不同，我们的总统是宽容与和解的国际偶像，我们这块土地上有那么多人追随着他。我望眼欲穿地盼望着，尽管遭受了不必要的痛苦但仍愿意宽恕罪人的黑人所表现出来的宽宏大度，能够在白人中激发同样的宽容精神。

这些就是诋毁我们的人，他们不完全是但大部分是白人。如果真的问我们真相与和解委员会到底取得了什么成就，回答是我们受命全面展现在我们负责调查的34年中对人权的严重违反行为。委员会应该促进民族团结与和解。必须强调，其任务是促进而非实现这些目标。它应该对一项本应为全国性的事业作出贡献，而且可能是显著的战略性贡献。每一个南非人都有责任认识到，这不是一项我们可以漠不关心的事业。它是一个长期持久的过程，每个南非人都有义务为此作出贡献。可以毫不夸张地说，这是一个生死攸关的进程。它的成功与否关系到我们民族的存亡，关系到我们全体人民和每一个人的存亡，因为没有宽容，没有和解，我们就没有未来。因此，从某种意义上讲，问委员会成就了什么，为时尚早。但在我们开展工作的两年多时间里，的确取得了重大成就。

前一章列举的和解与宽容的事例，并非仅有的成就。我们发现，许多来到委员会的人事后都认为，陈述自身经历本身，就让他们得到了解脱，感到了宽慰。接受和承认他们的确曾深受痛苦，对他们来说就是一剂畅快的良药。只要有一个人有这样的感觉，我们委员会就不枉存在。很多人向我们表示了同样的感受，这使我们不由地希望能给更多的人发泄愤怒、解脱负担的机会。

在第二章中，我讲述了科拉多克四人帮之一马修·格尼维的弟弟告诉我，他的嫂子恩亚梅克在委员会作证后，他们全家感到如释重负。根据乌班图之道，她的经历等于他的经历，因为乌班图说他们所有格尼维家族的人都是一体的。他们在相互依存的整体中相互关联，一个人的经历就是所有人的经历。恩亚梅克意思是“忍耐的人”、“耐心的人”。恩亚梅克·格尼维作证时，向我们讲述了他们全家听到地方法官对其丈夫之死进行的第一次质询结果时，是何等失望。他们被告知，他和其他同志被不明身份的人所杀，而实际上安全部队的介入一直是公开的秘密。

> ……我们一家人努力使第一次质询公开进行，而他们［国家］却只希望事情秘密进行，尽快处理。我们通过律师进行了反抗，最终事情稍微公开了一点。但是……这没有带来任何结果。然后，我们又不得不经历第二次漫长的质询，身心都受到严重伤害，我想我们当时也抱着很高的期望。我记得当听到调查结果时，我们是多么的失望。我不知道最终等待我们的是什么，到委员会来也是抱着同样的心情……之所以［对到委员会来］迟疑不决，就是不知道这里会给我们带来什么。我得到的消息很少。但现在来了之后，我在别人的经历面前感到惭愧。我可以很高兴地说，我很高兴我来了。

人们将自己脆弱的一面公开展露后找到的那种感觉，让我们感叹不已。我不能自称自己预见到，所有到委员会来的人，在讲述其悲惨遭遇后都会感到宽慰和复原。尽管作为牧师我应该稍许了解人的灵魂和精神世界，但我不是专业心理学家。聆听人们敞开心扉，在讲述中恢复完整的自我，是难得的荣幸。我感谢上帝让真相与和解委员会提供了安全和温暖的气氛，使人们可以尽情地倾诉。

卢卡斯·斯克维培里这个年轻人讲述自己的遭遇时说，臭名昭著的开普敦警官 H. C. J.“巴里”·巴纳德朝他的脸部开枪，致使他双目失明。然后他说：

> 我觉得……到这里讲述我的经历，就好像让我恢复了视力，重见了光明。我觉得一直让我闷闷不乐的原因，是我不能讲述我的故事。但是现在……来到这里，讲述我的故事，我感到如重见光明一般。

参加这一进程的殊荣，足以抵消很多人表现出的尖刻。这些人拒这一进程于门外，使自己失去了难得的获益机会。

最为艰苦的听证会之一，是对温妮·曼德拉的“足球俱乐部”的活动进行的为期 9 天的马拉松式调查。尽管人们众说纷纭，但就是这样熬人的听证会也带来了积极的影响。由于受害者的陈述，也鉴于法庭对其绑架和伤害行为的判决，委员会根据《促进民族团结与和解法案》第 29 条传她到场。这条规定是我们可以传唤证人进行调查。在通常情况下，调查会秘密进行，但由于她的坚持，听证会公开进行，意图是让她能够回应所有对她的猜疑、指责和影射。

无可否认，她的确是个出类拔萃的不寻常的女子。当丈夫被判终身监禁关在大牢时，种族隔离制度用尽一切手段对她进行骚扰，企图摧毁她的意志。她曾被拘留，被警察监视，甚至被从索韦托赶到了离自由州近 480 英里的布兰德堡，被迫与操塞索托语的人们一起生活，而当时她并不懂当地语言。所有这一切都是为了让她的精神崩溃，让她与人民隔绝。她成了被遗弃的人，成了自费的囚犯。她被禁止参加集会，即不能同时与一个以上的人接触。在通常为期 5 年的管制期间，未经准许，她不得擅离指定的司法区域。她不能去影院、教堂，不能野餐。如果没有准许，她甚至不能参加家人的婚礼或葬礼，即使申请也常常被驳回。一个被管制的人不能与另一个被管制的人联络，没有部长的批准，言论不得被引述。无论平常还是周末，从晚 6 点到早 6 点必须闭门不出，名副其实地惨淡度日。许多种族隔离的反对者都遭受了同样的命运，在未经适当程序的情况下就被管制起来。部长既是公诉人也是法官，既然不知道管制的理由和根据何在，也就无法提起上诉。这一切毫无法治可言，而对西方宣传的理由则是必须这样才能打击共产主义。实际上许多此类犯法者都是虔诚的基督教徒。

温妮 · 曼德拉非同一般。她具有超群的个人魅力，在受管制前曾是极有号召力的演说家。当我们的大部分领袖要么流放要么坐牢时，她在集合群众方面起到了关键作用。她对反种族主义斗争功不可没。她是一个地地道道的政治家，完全懂得如何让所谓的普通人激扬起来。当他们痛苦时，她会出现在他们中间。政治领袖争取大众支持时，她鞍前马后地奔忙。即使现在因绑架赛伊佩伊而名誉扫地，她也仍然具备东山再起的实力。非国大基层党员对她的支持始终是稳固的，到 1999 年又开始增强。

她在布兰德堡时，我曾去看望她，为她带去圣餐，在我的车里一起享用。远处的山坡上，安全警察坐在车里严密地监视着她的一举一动。周末她不能走出庭院，于是我们常常一个在篱笆这边、一个在篱笆那边享用圣餐。我常常想，我们的国家在世人面前装扮成一个基督教国家——且不论其中的含义——而我们却不得不在这样的状态下享用圣餐。

把她赶到布兰德堡带来了适得其反的结果。她很快开始身体力行地启发这个质朴乡村的人们的觉悟。布兰德堡是一个灰蒙蒙的贫民小镇。她种了一块草坪，辟了一个菜园，很快一个个小菜园和巴掌大的小草坪开始在布兰德堡出现。她开办了一个诊所和图书馆，阿非利卡人开始要求当局把她迁走，说她是个煽动者，自从她来了之后，本地人就不那么守规矩了。人们仰慕她，热爱她。她不是个可以小瞧的人物，我觉得她也知道自己有多大的影响力。她自信但不傲慢。我非常喜欢她，她的两个女儿亲热地叫我“叔叔”。她是海外抵抗运动，特别是旅美非洲人的宠儿，被人们称为“国母”。

种族隔离当局对她施加了巨大的压力。随着年龄的增长，我学到一条人生哲理，我们最好还是夹起尾巴做人，而更为重要的是，我们要宽以待人，因为我们无论如何也不能完全了解他人的处境。我并不是要一笔勾销曼德拉夫人对那些可怕事件或可能参与的行动的责任，更不是要纵容这种行为。然而，她的确在斗争中作出了杰出的贡献。我们谁也不能肯定自己在同样的压力下就不会屈服。的确有人挺过来了，但这毫无意义，因为我们每个人都不同，都以不同的独特方式作出自己的反应。

进行为期 9 天听证会的唯此一人。可以想见，如果真相与和解委员会以同样的方式对待一个阿非利卡人，会引起怎样的抱怨和轩然大波。有些总是另有图谋的人声称，这样做正逢非国大领导层求之不得让她难堪、以削弱她在人民中的威信的时候。委员会希望进行秘密听证这一点，就足以驳斥这种指责。我们决意了解这个不凡的人物，了解她对违反人权重大事件的深刻影响。是她自己坚持进行公开听证，并招致公开宣传的。

1997 年 11 月，约翰内斯堡西郊的梅费尔加强了戒备。媒体全副武装蜂拥而至，而身着优雅时装的曼德拉夫人也没让众人失望。她的众多支持者也到了场，其中有尽情歌舞的年轻人，也有不苟言笑、身着显眼制服的非国大妇女联盟的大嫂们前来声援她们的主席。这些女士一度把声援的标语挂到了会场里，我不得不出面制止，指出这是蔑视听证会的行为。尽管听证不同于法庭审判，但许多法庭的规矩是保留的。（例如作伪证的证人可以像在法庭作伪证一样被判刑。）

律师小组代表与事件相关的人参加了听证。我们阻止了交叉讯问，让他们感到有点不快，但是我们毕竟不是追究事实、定罪量刑的法庭。我们的目的是尽量揭示真相，但又必须不断提醒人们听证结束不会作出无辜还是有罪的判决。委员会将在最终的总报告中，宣布违反人权事件的责任所在。

曼德拉夫人把所有指控都不屑一顾地指为“荒唐”和“可笑”。她几乎不动声色。可能唯一让她有所触动的，就是维尼主教一番感人肺腑的话。在直接向乔伊斯 · 赛伊佩伊太太为没有更多地保护她的儿子表示歉意后，这位被她无故诬蔑为虐待儿童的主教对她说：

> 我们曾在我的住所见过面，你可以想见，我对你的感觉非常复杂。我渴望我们能够和解。你关于我的有些言论，非常非常深刻地影响了我、伤害了我，让我无比心痛。我不得不专门

找个地方学会如何宽恕你。当然，你可能不需要宽恕，或者认为我原本就该宽恕你。为了这个国家，为了我相信上帝深爱的人民，我努力寻求着与你和解的方式。因此，我才坐在你面前跟你说这番话。

听证结束时，委员会休会，研究对曼德拉夫人及其足球俱乐部的调查结果，并写进了1998年公布的《报告》中。但是在这之前，我满怀热诚地向她提出请求。首先，我向听证会讲述了我们两家的关系：

我只想说，我们和曼德拉一家关系非常紧密。我们住在有时被称为贝弗利山［索韦托的西奥兰多］的同一条街上。我们的孩子在斯威士兰上同一所学校……曼德拉夫人是我的一个孙子的教母，那孩子是在曼德拉被释放后的那个礼拜日受洗礼的。

我谈到我到布兰德堡的探访，并把她称为自由的象征：

我们永远不会忘记她为斗争所作出的卓越贡献和她那打不垮的意志。为摧毁她的意志，一切手段都用上了。她激励着无数的人，对斗争的贡献是不可否认的。她是她丈夫最合适的代表。

接着，我向曼德拉夫人发出呼吁，重申了听证会的目的，讲述了我对一些著名领袖人物的表现的喜忧参半的感受。这些人在听证会上陈述了他们为阻止足球俱乐部的行为而进行的干预和努力。

> 我们努力建立一个新的、不同的制度，要让新道德、原则、真诚和责任成为日常准则。我们之所以说犯罪、家庭暴力、无视环境、腐败、自私存在和盛行，是因为我们需要一个新的道德秩序和对权利的尊重，作为治疗这一切的抗生素。
>
> 有些人痛不欲生，但也为在听证会上发生的一切而欢欣鼓舞。让他们感到痛心的是一些斗争的著名领袖的表现。他们道德的败坏，令人震惊不已。当然也有与他们形成鲜明对比的例外，比如阿扎尔·卡查利亚、墨菲·莫罗贝，两位循道宗主教，西尼·穆法马蒂［现任负责警察部门的内阁部长］……
>
> 我们必须要证明，新制度有质的不同，有本质上不同的新道德。我们必须站起来维护善、真和爱，而不是向强权低头。

然后，我开始我的呼吁：

> 我承认曼德拉夫人在我们斗争历史中的作用，但也必须说的确出了问题，而且是严重的问题。究竟是什么，我不知道。我们谁也无法预见——我们只能说，我为仁慈的上帝而活。的确出了问题，以致许多领导人必须介入这一问题的解决。
>
> ［1990 年］……看到温妮和丈夫从维克多·维尔斯特监狱手挽手走出来，看到他们在他获释后的那天走在主教廷，真是好极了。
>
> ［1998 年，当足球俱乐部的活动迫使教会和公民领袖采取行动时］我是被邀请来与你对话的教会领袖之一。……我

来和你会谈时，你不能见我们，因而无法会谈。你说，你在学习……

当时我要跟你说的，也是我现在想要对你说的。我深深地爱着你，爱着你的家人，我是以这样的身份对你讲话的。当时我会对你说，我们举行一个公开会议，让你在会上站起来说，出了问题，的确出了问题，但我不知道为什么。会有人愿意欢迎你的。我仍然欢迎你，因为我爱你，而且爱得很深。如果你能说出出了问题，说出“我很抱歉。我为自己在这些问题中起的作用道歉”，会有很多人愿意欢迎你。

我相信我们是不可思议的人。很多人都会抱着原谅你、欢迎你的急切心情，冲到你的面前。

我请求你，我请求你，我请求你。我还没有就发生的问题调查出任何结果。我是作为生活在这个社会中的一个普通人在讲话。你是一个伟大的人，你不知道如果你说出“对不起，出了问题，原谅我”，你将会更加伟大的。我求你了。

**曼德拉夫人回应道：**

非常感谢你充满智慧的一番话。这是我一直都知道的你作为神父的一面，希望这一面没有改变。我要利用这个机会告诉［阿布巴卡·］阿斯瓦特博士[1]我是多么的抱歉，告诉斯登皮埃的母亲我是多么的抱歉。几年前当事情闹得沸沸扬扬的

1 阿斯瓦特博士是索韦托的一位医生，斯登皮埃死后几星期，阿斯瓦特在一次手术中被杀。据说他是在治疗了这位受伤的男孩之后被谋杀的。

> 时候，我曾向她道过歉。我要说的确出了问题，我完全同意，我们也都知道是什么因素导致了问题的发生。我为过去痛苦岁月中所出现的严重问题，表示深深的歉意。

话说到这里，我宣布休会。

这听起来好像是个不冷不热的请求，但即使对半心半意的宽恕请求，我们也不能表示不屑。说出“我很抱歉”从来都不是件容易的事，在任何语言中，这都是最难吐的字眼。即使在床笫之间，我都觉得很难跟太太道歉。我可以想见在电视镜头前、在大庭广众之下要说出这几个字，又是多么艰难。

先知以赛亚说上帝的奴仆非常温顺，甚至不会吹灭一个火星。我想这是曼德拉夫人第一次公开道歉，对她这样一个高傲的人来说，这的确非同一般。在听证过程中，媒体拍下了她和赛伊佩伊太太的合影。有人说这是委员会有意安排的，因为促成这两个人之间的和解，会大大提升委员会的威望。但实际上，这是赛伊佩伊太太主动提出的，她本身就是一个不计前嫌的了不起的人。

我的同事、违反人权案件专门委员会的副主席雅思明·苏卡，向南非广播公司电台记者介绍了公众，特别是白人对我的呼吁的反应。

> 我认为有些人误解了他的举动，以为他是在给她找台阶下。但我认为事情本该如此，本来就该说：出了问题，我们要对此负责。我觉得那一时刻非常感人，可以说是委员会的一个闪光之处。

我没时间考虑如果曼德拉夫人反驳会出现什么后果。我满怀热诚的请求很可能被置若罔闻。幸亏她作出了相当积极的反应，我也可以第二天放心地乘飞机到开普敦赶赴另一个紧急会议。说得轻一点，我感到如释重负。

但是，在夸祖鲁—纳塔尔省一个警察的案件中，我们可以看到如果一个人主动努力求得宽恕会得到什么结果。1988 年 12 月，布特莱齐领导的因卡塔自由党和与非国大结盟的联合民主阵线打得不可开交。警察上校布赖恩 · 米歇尔命令一群临时警察向联合民主阵线的支持者开枪。这些警察被戏称为“*Kits*”警察（*Kits* 在阿非利卡语中意为“速成”），因为他们只经过初级训练就被拉出来对付人民了。他们往往纪律涣散，有时酒气熏天就上班了。他们的装备是霰弹枪。城里的青年跟他们捣乱，他们和其他警察一样，被蔑视为走狗。因此，他们一般不会对“制度”的反对者心慈手软。但这一次，他们听错了命令，攻错了目标。他们没有袭击联合民主阵线的支持者，反而枪杀了托拉斯 · 费得农场 11 个守夜的妇女和孩子，使这个不问政治的村子沉浸在悲伤之中。米歇尔被判有罪，并受 30 年监禁。在听证会上，他请求得到被他伤害的人们的宽恕。

> 我只能请求直接或间接卷入此案并受到影响的人们……考虑宽恕我……我已经失去了生活中的一切……

托拉斯 · 费得农场的人们说他们可以宽恕他，但他必须积极参与到被他毁掉的社区的重建中来。米歇尔做了一件很有勇气的事。他要求委员会安排他访问农场。事情很可能出问题。会议一开始紧张而艰难，大家都有些不自在，农场的人自然抱着敌意。他迟疑了一下，开始对人们讲话：

> 我想感谢你们允许我今天来到这里，感谢到目前为止你们对我表现出的善意。有人告诫我今天不要来。尽管如此，我还是来了，因为我知道这样做是对的。
>
> 我得知许多在1988年离开这个地区的人还不能重返家园。我认为，必须想办法让这些人回到自己的土地，耕种自己的土地。还必须实现这个地区分歧严重的各政党之间的和解。

气氛开始变化，开始缓和。有一两个受害人还不大情愿宽恕他，但大部分人都为他的到来感到高兴，等他离开时，已经是亲热地向他挥手告别了。这一出紧张而轻松的会面上了电视，并在南非广为报道。这对暴力和动乱不断的夸祖鲁—纳塔尔省来说，是件大好事。我肯定，这件事也会鼓励其他人走上化敌为友这条虽然艰辛但最终回报丰厚的道路。

米歇尔因为参与秘密策动政治团体间的争斗而付出了沉重代价。他的太太与他离婚，他很长时间见不到儿子。我赞赏他把自己的悔恨化为帮助受害人实际行动的意愿。或许这样的赔偿应该成为准予大赦的条件之一。这样，所谓得到大赦的人白占了便宜，而受害者依然贫困痛苦的言论，就会不攻自破了。

另一个故事同样表明，在其他方式失败的情况下，委员会是可以揭出真相的。1988年8月31日凌晨，炸弹爆炸的巨响震撼了约翰内斯堡的科特索大厦，南非教会理事会的所在地被夷为平地。无人重伤，这简直是个奇迹。一个守夜人从电梯上被抛下来，也只受了轻伤。对面老人公寓的窗户被爆炸的冲击力炸得粉碎，像飞弹一样散射出去，但住户都逃了出来，没有重伤员。科特索大厦前的街道白天总是车水马龙，火车站就在附近，行人熙熙攘攘，小贩往来叫卖，一片热闹。到我前去观看现场时，见到大厦门厅中一幅耶稣护卫一座城市的挂毯在一片狼藉中丝毫无损。这或许就昭示着真与善终将取胜。

我与大厦有着相当紧密的联系。大厦正是在我担任教会理事会主席期间在德国教会的慷慨支持下买下来的。我作为南部非洲都主教，赶乘能够搭乘到的最早一班飞机从开普敦飞到出事地点，对理事会及受到严重伤害的工作人员表示声援。我和当时的秘书长弗兰克·契卡尼巡视现场时，对他开玩笑说，我交给你一座宏伟大厦，你怎么能让它遭到如此下场呢！大部分人都认为即使没有符合庭审要求的证据，我们也知道这不过是种族隔离政府的又一肮脏伎俩。因此，我们谁也没有理会政府宣传机器随后的报道。当时的法制及秩序部长阿德里安·弗洛克居然宣布非国大应对科特索大厦爆炸事件负责。当时非国大仍是被禁的政治团体，其成员动辄被称为受到“共产主义煽动”的“恐怖分子”。他居然有胆量指名道姓地说出警察当局声称的幕后策划者。一个叫薛利·古恩的女士受到指控，在未经庭审的情况下，带着她还是婴儿的儿子被关了6个月。

大部分白人都深受政府控制的宣传机器的影响，他们不假思索就接受了政府的解释。对他们来说，这不过是那些野蛮家伙的又一恐怖行动，为的是要推翻为白人提供了世界上一流生活水平、让本地人循规蹈矩、敬畏上帝的基督教政府。大多数白人都相信弗洛克，并为能够如此迅速制伏恐怖分子的警察部门感到自豪。他们可以高枕无忧了，因为安全得到可靠的保障。如果我是白人，恐怕也会有同感。只有心怀慈悲，才能放弃一个给自己带来如此多的特权、优惠和好处的制度。我总是对那些反对给他们带来巨大好处的制度的南非白人钦佩不已。

如果没有真相与和解委员会，世界和南非恐怕永远无法了解科特索大厦事件的真相。不可能指望警察揭自己的疮疤，整个世界会继续认为非国大是罪魁祸首，当然有些人也不免嘀咕，对一个坚决反对种族隔离、常常被称为“穿教袍的非国大”并被指责为非国大恐怖主义挡箭牌的组织，非国大怎么能做出这种事呢？政府有时声称教会理事会是非国大的补给站，楼里藏着非国大的武器。白人中又有许多人相信这一派胡言。他们就不问一句：既然警察证据在握，为什么不干脆搜查大厦，向世界揭露教会理事会，让他们永远失去作为以和平方式促进变革的组织的名声呢？（果真如此，几乎所有海外教会和政府都会抛弃南非教会理事会，视其为耻辱，理事会也会因此失去最重要的资金后盾。）但是，政府说什么，白人就相信什么。他们不想问那些难堪的问题——大树底下好乘凉，何必把大树砍倒呢？

后来，曾向媒体断言非国大一手制造了爆炸事件的前内阁部长弗洛克先生在其大赦申请中披露了事实真相。正如他明确宣布的那样，这一恐怖行动实际是他手下的部门所为。本该维护法律和秩序、惩治恐怖分子的警官们，竟亲手制造了严重的城市恐怖事件。这清楚地表明可憎的种族隔离制度道德败坏，不得不靠如此邪恶的手段苟延残喘。

这也是为什么警察部门无法解决我国历史上许多悬案的原因。是谁杀害了史蒂夫·比科？是谁把“培伯克三人组”残忍地引向死亡？是谁杀害了“科拉多克四人帮”？又是谁炸毁了南非工会总部大楼和罗马天主教总部？警察部门无法破案，因为他们自己就是罪魁，并企图用谎言蒙骗公众。这些犯罪不是偶然的，不是像种族隔离政府的维护者所称是个别“坏家伙”所为。这是种族隔离企图破坏法制、垂死挣扎的一种表现。这个制度毫无正义可言，已经烂透了。这一切是其本性使然。

弗洛克先生披露，科特索大厦爆炸事件是在前总统博塔主持的一次国家安全委员会会议后，根据他的指示进行的。博塔先生和一些人声称此事件不构成对人权的严重违反，因而不属委员会的管辖范围。但是，事件中无人伤亡，恰是罪犯们的大幸。执行者之一尤金·德考克上校告诉委员会，他们接到命令，如果有人干扰爆炸，即使是警察也格杀勿论。政府颠覆其本应尽职维护和保卫的法律，是无论如何不能为人接受的。

值得称道的是，弗洛克先生在申请大赦后，就恶毒诬陷古恩女士一事向她深表歉意。尽管什么都无法补偿她失去人身自由和遭受不公的痛苦，但令人欣慰的是，她至少因为这一暴行所造成的伤害成功地将政府送上了法庭。

契卡尼博士在反对种族隔离的岁月里，经受住了炸弹袭击、牢狱的酷刑和对他的叛国罪审判。一天，在去纳米比亚的途中，他突然身患重病。他康复了，但后来才意识到这一切是在他换了衣服之后发生的。他几乎忘了这件怪事，直到他在美国几乎死在餐桌旁。这件事救了他的命，因为他太太所在的威斯康星大学有个学者正在研究毒药。结果发现，他吸收了喷洒在衣服上的有机毒药。大部分人都怀疑，这是政府为保住政权玩弄死亡游戏的又一例证，这一次是暗杀反对派。如果没有大赦进程，我们还得继续愤怒和怀疑下去，继续为不能找到确凿证据印证我们的猜测而懊恼不已。

现在真相大白了，因为委员会在1998年6月就前政府的化学及生物战计划，举行了公开听证会。在这些公开会议上揭示出的一切令人不寒而栗。新的民主政府对公开听证表示不快，担心公开揭露某些秘密计划，会置其于违反它所签署的不扩散条约的境地。我们做出了令人满意的安排：当政府力图对听证加以限制时，我裁定听证必须公开进行，因为我们是在努力培养一种透明、负责和尊重人权的新文化，但我们会采取预防措施，防止有损国家安全或导致违反不扩散条约的消息泄露出去。

我们很快搞清了，与种族隔离政府所声称的恰恰相反，其化学和生物战计划并非仅仅用于防卫目的，而是具有很强的攻击性。令我胆寒的是，一切都做得那么科学、严谨、冷静。在此之前，我们就听到过提交给委员会的许多事实细节。但是，一尘不染的实验室中穿白大褂的人们，在设计这些攻击性计划时也有考虑不周的地方，他们背弃科学，为邪恶服务。参与初步调查的委员会工作人员值得称道，开普敦大学的学者帮助我们的工作人员解析复杂的科学公式，同样值得褒奖。

听证会上展示的证据表明，科学家、医生、兽医、实验室、大学和具政治倾向的公司，通过广泛的国际网络支持了种族隔离。科学实验的目的是为了给某些人群带去疾病，损害其健康。霍乱、波特淋菌、炭疽病、化学毒药及镇静剂、摇头丸等（用于集体控制的）毒品的大量生产，都是这一计划中的项目。我们现在不得不问，开普敦有色人公寓毒品泛滥，这究竟是不幸的社会现象，还是和化学与生物战计划存心破坏这些社区的风化有关呢？

一切都显得有点离奇古怪，某些方面甚至像詹姆斯·邦德电影中的情节。下毒的工具包括特殊的雨伞、改锥和其他可以成为致命武器的东西。但是，利用科学对付无辜的人们，让我不由得想到达豪集中营的恐怖。对我来说，化学与生物战计划是种族隔离最没有人性的一面。我可以接受其维护者会尽一切努力垂死挣扎，但从没想到他们会败坏到如此地步。计划的领头人是一个心脏病专家乌特·巴森医生，媒体称之为“死亡医生”。当不得不来到委员会时，他表现得颇为冷漠，和我们捉着迷藏，称他已经受到刑事起诉，为我们作证可能会让自己罪责加重，因而不能提供证词。他的举动带着挑衅，出席听证时，他穿的是曼德拉总统喜爱的那种色彩鲜艳的“马蒂巴”上衣。

该计划耗资巨大。其研究却建树平平，而执行者的不称职，更是令人瞠目结舌。这对计划谋害的目标反而成了幸事。几乎置契卡尼博士于死地的神秘行动也揭开了盖子。在他的一次旅行中，行李箱被做了手脚，内裤被浸上毒药，但浸得不够。可见，执行下毒命令的人不称职，让他捡了条命。据说计划中有一个项目，是要找到一种专门针对黑人的细菌，以降低黑人的生殖能力。

科学家沙尔克·范·伦斯伯格医生是证人之一，他在听证会上说：

> 曾有计划用不留痕迹的重金属毒药铊掺入曼德拉总统在普尔斯莫［监狱］使用的药品。曼德拉释放后，我在和［另一个研究人员］安德烈·伊梅尔曼谈话时……他很肯定地说纳尔逊·曼德拉的大脑功能肯定会逐渐受到损害。

感谢上帝，他们都未能尽职。我们民族的生存在很大程度上要归功于曼德拉这样一个宽容与和解的热情倡导者。

1998 年 6 月 14 日，即化学和生物战听证会后的那个礼拜天，我应邀到比勒陀利亚林伍德一个白人富人区的荷兰新教教堂布道。这也是一些前政府要员的教区。教堂里要人云集，这也是我第二次进入虎穴。

直到最近，白人的荷兰新教教会一直坚定地支持种族隔离。它为种族隔离提供神学依据，而且甚至在政治家之前就提出某些立法，以上帝的名义主张种族的隔离。他们利用巴别塔、人们被分散并因语言不通而无法沟通以及“含”（Ham）的咒语（他的子孙后代被诅咒永远做“奴仆的奴仆”）等故事，让本地人循规蹈矩。用在巴别塔的故事中上帝对人类罪孽的惩罚，来解释上帝的神圣意愿不免奇怪。这完全忽视了在《使徒行传》第二章中记录的第一个基督圣灵降临节，在教会看来这是对巴别塔的彻底扭转。大部分教会都谴责种族隔离为异端邪说，而荷兰新教教会却骚扰那些反对其立场的人，并宣布其为异教徒，其中就有继我担任南非教会理事会秘书长的贝叶尔·纳武德博士这样的出色人物。

但是，这个长期从神学上坚持种族隔离的教会，终于放弃了这一立场。它把过去受到迫害和具有长远眼光的见证人请到了宗教大会上，并公开为教会给他们带来的痛苦表示深切的歉意。看到贝叶尔·纳武德这样的上帝的忠实维护者恢复了名誉，令人很是欣慰。很少有教派会如此直言不讳地承认自己行为的错误。我自己所在的圣公会在其教义、宗教大会及大会的决议中，一向反对种族隔离，但它却是以种族隔离的形式存在的。当然，南非是一个种族隔离的社会，很难有非种族主义的教区，但圣公会却迟迟不肯承认它说的是一套，做的却是另外一套。许多白人教民拒绝和家庭帮工一起领圣餐，但就是在种族隔离制度下他们也没有理由这样做。教会建立一个多世纪后，才在1960年任命了第一位黑人主教。政府并未下令让教会根据种族给牧师发放津贴，但实际上白人牧师比黑人牧师的薪酬高得多。因此，我们圣公会的人和荷兰新教教会相比，也没什么好自得的。

为比勒陀利亚之行做准备时，我心中忐忑不安，因为那里的许多白人，特别是阿非利卡人，都视我为恶魔，称不上是基督徒。他们怀疑，我主持真相与和解委员会的工作，实际上是要追杀阿非利卡人。然而，我受到了热烈欢迎。教堂里挤满了人，音乐美妙极了。一群孩子手持蜡烛，列队走进来。我讲的经文是《罗马书》5：8中我最喜爱的一段："惟有基督在我们还作罪人的时候为我们死"。我进行的唯一布道，就是上帝是以慈悲的心怀无偿地爱着我们，我们不需要取悦上帝以换取他对我们的爱。

接着我说，阿非利卡人认为他们在南非的政治、社会和社区生活中，只有两种选择，即要么做统治一切的人上人，要么做卑躬屈膝的人下人，任人践踏。我说，现在还有激动人心的第三种选择，即热诚地欢迎新制度，用他们掌握的巨大财力、技能和经验，帮助建立人人得益的社会新秩序。

我告诉他们，化学和生物战听证会揭示出的一切是多么让我心痛。我祈祷，在白人中间，特别是在阿非利卡人中间，能够出现领袖人物，帮助我们正视这一切，并且明确道歉，而不要自作聪明，虚情假意地让道歉成为空话。这是一个惊人的时刻。人群中有几个人在啜泣，奥奇·鲁本海默牧师走上讲台，和我站在一起。他的双眼噙满泪水，忍不住在低声哭泣。他说，他担任随军牧师30年，从不知道有这种事在计划中或已经发生。他哽咽着请求我的宽恕。我们在讲台上拥抱在一起，人群中发出了激动的欢呼声。

上帝在我们这块土地上成就了一些离奇的事情，而这就是其中不凡的一件。这件事能在比勒陀利亚富人区的荷兰新教教堂中发生，就显得更加非同寻常。这就如同美国南部的白人牧师在黑人牧师布道的教堂里，为隔离黑鬼而赔礼道歉；又如同以色列前总理本雅明·内塔尼亚胡到约旦河西岸为巴勒斯坦领土上的犹太定居点赔礼道歉一般。我们共同的祖国的确充满了希望。只有最为冷酷的人才会对此无动于衷。这个例子，再次显示了上帝通过委员会实现的非同寻常的和解。

在委员会的早期工作中，我们在开普敦附近的帕尔举行过一次听证。当时最重要、最感人的，莫过于荷兰新教教会主要神学院所在地斯泰伦勃斯的白人长老会发表的讲话。他们坦言没有遵从耶稣基督福音书中的要求和戒律，这是我们从他们口中听到的最直接、最明确的忏悔。长老会对自己与非正义的社会政治制度沆瀣一气，而不是和穷人、下层人及被压迫的人们站在一起，并未含糊其辞。在往往是自我狡辩的氛围里，这不啻是一股清新的空气。

在帕尔举办了一个特别展览，展示种族主义历史和反种族隔离斗争的重大时刻。其中一个部分是关于征兵的，展品之一是士兵华莱士·麦克格莱格在纳米比亚争取独立的斗争中使用过的军服和武器。他出生在阿非利卡人家。他母亲安娜玛丽还不能接受儿子已战死边境的事实。在书面陈述中，她对我们说：

> 我被告知，我的儿子在［纳米比亚北部］离奥沙卡提几公里的地方被杀。他被裹在厚厚的密封塑料袋里运回了家。我

们接到命令，不得打开塑料袋。我唯一知道的就是我的儿子四肢还完整。他叔叔双手摸遍了塑料袋，确认了这一点。我是从他那里听说的……

我知道这是军事法律。即使孩子躺在那里死了，也不能再看他一眼。给华莱士下葬的那天，他的棺材也没有打开。我最后一次看到儿子，已经是10年前了，而为他安葬也已经9年，但我仍在挣扎着完成对华莱士的悼念。

有时我怀疑装在塑料袋里的究竟是不是他。如果我没能亲眼看着他离开，我如何能在心中让他安息呢？当我失去我深深爱着的母亲时，我看到了她，触摸到了她，因而能够与她分离，继续生活下去。但是在华莱士身上，却有那么多没有解开的疑问。

我痛苦挣扎着，我想知道他究竟死在哪里？怎么死的？死的时候，有谁和他在一起？有没有人曾试图帮他保住性命？是哪位医生救治他的？我从未得到问这些问题的机会，也没有人对我儿子的死给我任何解释……

我有时仿佛看到华莱士就在大街上。我清楚地记得有两次，我都以为自己看到了他。其实只是个像他的人而已。在儿子死亡和诞辰纪念日上，我尤其感到痛苦。1月份，他就应该是30岁了。我把他的所有照片都保存在相册中，以安慰自己的心灵。可是当许多事情仍是悬念的时候，这样做是很难的。

委员会安排麦克格莱格一家和曾与他们的儿子一起行动的人见了面。他描述了华莱士死时的情景，安娜玛丽·麦克格莱格太太一直低声念叨着："Hy is rerig dood（他真的死了）。"一旦事实确凿无疑了，她似乎就能够接受这一灾难，将一切了结了。她不必再自我折磨，妄想着部队搞错了，她的儿子还活着。

我无法忘记一个到委员会作证的母亲的凄惨哭声。她告诉我们她儿子失踪了。她认为他可能已经死了。她不能肯定，但觉得他已经不大可能还活着，因为他音讯全无，也没有什么被流放的传言来打破一直折磨她的沉寂。她从心底里发出请求：“你们难道不能找到他的一块骨头，让我好好地为他的遗骸下葬吗？”

反种族主义斗争经受了残酷的考验。特务们总是趁着夜色，绑架被他们怀疑为“恐怖分子”的人或者解放运动的地下干部，以及尚属合法的反种族隔离运动的领头人。然后，他们将人质押到偏远的警察局或农场，酷刑折磨，最后常常把这些人杀掉。他们还经常越过南非边境，理直气壮地进入邻国，侵犯这些国家的主权与领土完整，劫持他们想要的人，并随心所欲地进行处置。许多人就这样失踪了，剩下的只有母亲悲伤的哭声。没有委员会，这哭声只能随风飘去，消失在无奈的叹息中。

差不多有 200 多人失踪。掌握了大赦申请中的信息之后，我们的调查人员奔赴到全国各个角落调查。警察和其他安全部门似乎颇为成功地争取到了个别农场主和帮手的合作，把不少人掩埋在鲜为人知的墓地，帮他们掩盖着黑暗的秘密。如果没有那么多寻常白人百姓自愿与国家合作，种族隔离恐怕垮台的时间要早得多。或许他们的确相信自己是在为抵制共产主义的泛滥作出一份贡献。否则，很难理解为什么普普通通的守法公民，竟能够一而再、再而三地参与如此残忍的行动。难怪一些解放运动组织认为，农场主，特别是边境地区的农场主，不是严格意义上的平民，而是军事机器的一个有机部分，理应成为军事打击的目标。真相与和解委员会驳斥了这一观点，但不难理解为什么有人坚持此论。

有些农场神秘地掩埋了不止一人，成为了死亡农场。一次，委员会的调查人员打开了三个坟墓，以为每个坟中可以找到一具尸体，但实际却是 4 具，一共 12 具死尸。所有人都为之震惊。尸体的发掘是在警犬帮助下，由懂得识别地表各种痕迹的专家进行的。病理学家和法医专家帮助我们整理尸骨。

许多受害者的家人掘墓时在场。他们一定希望墓是空的，他们还可以指望自己的亲人可能还活着，还能听到他们熟悉而轻快的笑声，看到他们说话时叉着手的样子。我们总是以各种方式维持着自己的希望，尽管内心深处我们知道这一切都是枉然。否则，我们可能觉得生活无法忍受。

尸骨挖出来后，这些家庭还得搞清楚究竟是不是自己亲人的遗骸。值得庆幸的是，警察部门对这些可怕事件都一一记录在案。种族隔离制度销毁了许多罪恶文件，但没来得及全部毁掉，因此有时我们可以相当肯定地确认死者身份。而死者的身份毫无疑问，有时也颇为揪心。当一个墓穴打开后，一个人说："那是我弟弟。我认得那双鞋，是我给他买的。"

谈到记录，我记得委员会工作后期，我们的调查组搜查了很多警察局，提取幸存的档案，并发现了许多恐怖的照片。安全警察似乎经常把其战利品带到这个靠近边境的警察局，上刑，然后杀害受害者。从照片上看，被烧掉的肢体显示他们好像使用了焊枪。要是果真如此，这又是怎样的惨死啊！施刑者如何能忍受那恶臭和惨叫？他们或许想用照片恐吓其他受害者。看到这些照片，我几乎支撑不住。那些能做出这种事的人，一定异常冷酷。

我们的小组打开了多处坟墓。领导夸祖鲁—纳塔尔办事处的委员理查德·莱斯特讲到其中一个墓地时说：

> 至今萦绕我心头，并且我终生也不会忘记的……是在夸祖鲁—纳塔尔挖掘的第一个坟墓。这是一个年轻女子［费拉·恩德旺德维］的墓，她是斯威士兰非国大民族之矛的高级成员。她遭一个叫安迪·泰勒的臭名昭著的安全警察绑架，被带到纳塔尔中部警察分局租用的一个偏远农场。她被赤身裸体关在一间小屋里。我们了解这一切，是因为杀害她的人申请了大赦。他们关押和折磨她的目的，是要说服她做内线。
>
> 后来他们觉得她已经没用了，就让她跪下，从脑后给了她一枪。他们挖的墓穴很深，但不够长，因此必须将她仰面放进去后，再把她的双腿蜷起来。我们发现她的尸体时，看到腰上放着一个蓝色塑料袋。我们问……这是什么。他们说，审讯和受刑时，她用塑料袋遮盖着身体，想要维护一点女性的尊严。对我来说，这不仅说明了杀她的人是怎样的人，也说明了像她这样的人、那些死去的人，又是怎样的人。他们说：“她非常勇敢。”

在我们处理的坟墓发掘案中，有50多起案件受害者的家人得以将亲人的遗骸安葬。非国大干部的葬礼得到军葬礼遇，并有内阁部长或副部长出席。所有安葬了亲人的家庭，都对委员会深表谢意。现在他们知道了亲人的遭遇，可以在心中有个了断了。

# 第九章　我为什么做这份吃力不讨好的工作？

很多时候，我都觉得我的脑子是不是出了毛病，居然答应接受主持这个特殊委员会的工作。每当我意识到委员会中各种关系远没有到达理想状态的时候，就忍不住暗自气馁。我已经指出，我们能在性别、种族、政治派别、年龄、社会地位、宗教信仰、职业和主张等诸方面，广泛代表南非社会，是一件大好事。但委员会这一值得称道的特点，也意味着我们必须经过一定的时间，才能成为一个有机整体，一个可以相互信任、协商一致的团体。

在相当一段时间里，我们每个人都想让别人知道自己不是可以小瞧的。我们花费很多时间，开辟自己的小地盘，确保自己不被忽视，让自己的意见受到重视。如果时间充裕，可以进行团队建设的话，这一切都不成问题。然而，我们面对着繁忙的日程安排，而且必须立即动手为我们承担的非同小可的任务搭建基础设施。这种争权斗势，令人头疼得要发狂。当然，大部分同事都工作得非常勤奋。其中有一位对委员会的目标尽心尽职，甚至在我们向曼德拉总统提交了《报告》，她自己的任期也已经结束后，还自愿花费大量时间和精力，处理委员会未及处理的问题。

由于我们在极大的压力下工作，大家都神经紧张，时有摩擦。我们都能把矛盾控制在一定程度，作为一个比建立之初更为团结的群体完成工作，已经非常了不起。我们活像一群神经质的歌剧女主角，动辄就会为鸡毛蒜皮甚至捕风捉影的事而感到不快。

或许，我们没有意识到，我们所有人都不同程度地受到种族隔离的打击，都带着这样那样的创伤。这个邪恶制度所伤害的人，远比我们想象的多，因为可以毫不夸张地说，我们都受到过种族隔离不同形式的伤害。参与委员会的工作后，我和其他人才意识到这一点。更准确地讲，这一意识如同一记重锤把我们打醒。无论是支持者、罪犯、受害者，还是这一罪恶制度的反对者，我们的人性都受到了触动。没有种族隔离，我们所有南非人就不会成为我们后来所成为的整体。那些曾享有特权的人对一切越来越漠然和无情，越来越失去人性，因而也越来越不成其为人。他们失败了，因为这个世界的构造，要求我们必须遵守其道德法则，不然就要付出代价。其中的法则之一，就是我们被《圣经》中所说的“生命之束”（the bundle of life）绑在了一起。我们的人性和其他人的缠绕在一起。我们之所以为人，是因为我们有所归属。我们为群体、为归属、为家庭而生，并生活在微妙的相互依存的网络中。的确，“人独居不好”[1]，因为任何人独处都无法保持人性。无论情愿与否，我们都是彼此的兄弟姐妹，每个人都是可贵的生命。这不以人种、性别或政治、经济、社会和教育地位为转移。每个人不仅应当得到尊重，而且应当作为上帝形象的化身受到敬仰。如果以任何不及于此的方式对待

1 《创世记》，2 : 18。

他人，就不仅仅是邪恶的、痛苦的，而且简直就是亵渎神灵，因为这等于向上帝的脸上啐唾沫。如果这样做，就不能逃脱违反宇宙法则的后果。

正如彼得·斯多利主教在温妮·曼德拉的听证会上尖锐指出的那样，反对种族隔离的人，也可能成为自己最为痛恨的那种人。令人悲哀的是，他们常常变得像他们所反对的人那样残忍、堕落。受害者往往主观上接受了统治者强加给他们的定位，甚至开始认为自己大概就是其主子告诉他们的那种人。因而，他们也常常会认为值得为统治阶层的价值观念而奋斗。由于自我憎恨和自我蔑视作怪，受害者的内心形成极为负面的自我形象。这种形象侵蚀着自爱和自信，蚕食着他们的自我。这也是美国黑人相互残杀、自我毁灭的祸根。社会制度让人们充满自我仇恨，并使他们朝这个目标迈进。他们恨自己，并通过毁掉那些他们学会憎恨的类似这一自我的人而毁掉自己。

不公正，特别是种族不公的最为亵渎神灵的后果之一，就是它可以让上帝的孩子怀疑自己是不是上帝的孩子。南非成了受伤者之间的战场——他们或是身体遭受重创，或是心灵饱经摧残。或许那些声称自己没有受到肉体和精神伤害的人，才是真正需要怜悯的人。

委员会的任务就是要帮助受到创伤的人民愈合伤痛。委员会的成员并非高人一等，并非向贫穷、不幸的受害者予以施舍。我们带着自身的负担而来。我们同样受到这一制度的影响，它为南非定了性，让她自我杀戮，向自己开战，让她成了世界的弃儿。所幸的是，这个世界没有看着我们胡来而袖手旁观，而是为我们祈祷、爱我们，为我们感到震惊、抵制我们、制裁我们，直到 1994 年 4 月 21 日出现举世瞩目的奇迹时，又继续支持我们。

我不是太聪明。如果聪明的话，就应该知道我们一起步就迈错了脚，因为我们在第一次会议上任命和推荐的所有工作人员都是白人。我们都急切地想尽早开展工作，于是我建议让我做主教时的私人助理和秘书，担任我在委员会的私人助理，因为他不仅了解我的脾气秉性，更重要的是他能读得懂我的手书。此外，我的前新闻秘书担任了新闻总监，因为我们需要和媒体尽快联络。伯莱恩博士也作出了类似的安排，让现任秘书担任他在委员会的秘书。这些任命几乎未经讨论就执行了。当我和伯莱恩博士建议由一个在人权案中崭露头角的年轻白人律师担任委员会的执行秘书时，却捅了马蜂窝。委员们虽不明说，但却明白无误地表明对究竟由谁执掌委员会深感忧虑。是由我运筹帷幄，还是仅仅充当伯莱恩的黑色门脸？他是个坚定的强硬派，“斗争”记录无懈可击，但却可能成为南非反种族隔离政治斗争中的仇恨对象，被认为是想利用委员会实现个人野心的白人自由派。事情何至如此，谁也说不出个究竟。但是，水已经给搅浑了，近两年之后，人们才开始认为我们实际上站在同样的立场上，抱有许多共同的忧虑。

在这个过程中，我们还经历了其他一些小差错。第一批工作人员上任后，我们很快就碰到了一个棘手的问题。西开普地区办事处任命的第一批人中，有一个是一位委员会成员的配偶。这种情况本身并非一个大问题，问题出在这位委员是面试小组的成员，而面试她的配偶时，她本应有先见之明，要么回避，要么声明相关利害。地区办事处的大部分同事都对她的原则性毫不怀疑，对她参与面试没有什么异议，不担心她的判断力会因为裙带关系受到影响。但其他同事则不能苟同。正当我们举行东伦敦第一次听证会时，正当我们手头事情繁多的关头，这件事被揭露出来。这对夫妻的白人身份，更让事情雪上加霜。不过令人费解的是，面试小组还有其他成员，如果这个人真的不合格，他们势必会拒绝录用，但人们对此却视而不见。

于是，在本应全力以赴利用第一次听证会有效宣传委员会的关键时刻，我们不得不一心二用。第一次听证的效果以及给媒体和公众留下的印象，对受害者是否愿意前来作证具有重要影响。因此，为这样的事分心，的确非常不合时宜。我还担心某些媒体无法抵制这类花边消息的诱惑，早就把委员会视为追杀阿非利卡人和非国大打击政敌的工具的人，更会对此热心。委员会中某些人和媒体打交道时非常幼稚，为自己出现在报章、电视上而自命不凡、洋洋得意，忘了应保守法律规定的秘密。

我们懊恼地发现，委员会漏得像个筛子。根据法令规定至少应在听证举行前保密的消息，不断被泄露公开，更增加了相互的不信任。我们不知道敏感的材料是否会不合时宜地泄露和公开。我得学会抛球游戏，在空中同时抛接几个球——担当起团队所有成员的领导职责；让每个人都感到自己是特殊的、受到珍视的，并为委员会带来了不可或缺的价值；向媒体提供他们应该得到的消息，防止得罪媒体，影响这个进程。

幸运的是，我有一个记者出身的出色的新闻总监，他备受媒体尊重。总体上，我也和报道委员会工作的媒体保持了很好的关系。很久之前我就决定，在我的公共生涯中，要尽量接近媒体。在斗争的艰难日子里更是如此，因为我们自己的力量有限，需要媒体帮助，与种族隔离政府资金雄厚的宣传机器较量。我还决定，最好是采取直截了当、保持透明的策略，这样我有时不得不说“无可奉告”或“稍等片刻”时，记者们会信任我，知道我不是故意不吐露消息。我们也认识到，抢先把自己的消息发出去实为上策，因为这样常常会削弱后续消息的力量。如果让人首先抓住把柄，不得不申辩解释，那就再狼狈不过了。一旦需要申辩，就等于已经输了这个回合。因此，我尽量避免出现过多的秘密。人人都喜欢权力。最令人兴奋的莫过于拥有秘密。但如果外面的人不知道你有这样的宝贝，拥有秘密又有什么意义呢？我们努力防止这种炫耀的诱惑，尽量争取媒体的信任。尽管如此，我们还是不时因走漏了消息而处境尴尬。

就这样，在第一次听证会上，我们本该集中精力进行熬人的听证，现在却担心如何应对媒体就任命委员会一位成员的配偶一事可能提出的尖锐问题。幸而要么消息没有走漏，要么媒体认为和在委员会听到的令人心碎的证词及展示的创伤相比，这件事根本不值一提。如果我们表现得镇定自若、成竹在胸，那么我们非得是天才演员，平静的水面下其实是涌动的暗流。

或许我应该更好地享受清晨的时光。我努力让自己的思绪平静下来，静坐着与安详、亲切、慈爱的主同在，分享或接受一份神圣的安宁。每日的圣餐也是一种难得的享受，我通常在办公室或饭店的房间里，和我的私人助理、新闻总监及负责保卫我安全的警官一起享用。只要在开普敦，我们都会星期五到圣乔治大教堂去。知道有那么多南非和世界各地的人为我们热诚祈祷，令人无比欣慰。没有这一切，我知道我一定会垮下来，始终伺机破坏的邪恶势力，就可能阻碍愈合一个民族创伤的不凡之举。我们会被分裂和导致失败的势力压倒。我们幸运地一直保持着与善之源泉的联系，这不仅靠我们自己的努力，更多的是靠许多人的爱心和关注。

《旧约》中说，一次，先知以利沙和仆人被一群敌人包围。先知出奇地镇静，泰然处之，而仆人却越来越不安。先知请上帝打开仆人的眼睛，于是他看到自己一边的人远远多于敌人。我们南非人在自己的生活中就经历了这一切，即善的力量实际远比邪恶强大。我们在委员会也遇到过几次这样的情形，对那位委员会委员配偶的任命即是一例，一个原本可能闹翻天的事情，最终还是友善解决了。可我宁愿委员会没有经历过这样的插曲。但看看委员会的组成，想想种族隔离给我们造成的恶劣影响，这样想未免天真。即使不是这个问题，也会有别的问题出现。这几乎是我们正视各自的过去、正视整个国家的过去的一个必经阶段。我们是航行在惊涛骇浪间，指望我们一帆风顺，未免太过乌托邦和超理想主义了。

还有一次，我接到报告说委员会的一个小组在处理与比绍大屠杀相关的证人时有失公正，报界对此大量报道。我对媒体说，我们深知，法律要求我们不偏不倚，这样来自冲突各方的人们才能感到听证对他们是公正的，他们没有受到歧视。我说，我们不可能让人们认为我们偏向一方而破坏了我们事业的成功，我们破坏不起。

那个小组的成员认为我让他们当众出了丑。不久，他们在委员会的一次正式会议上提出此事，说他们不认为自己做了什么需要道歉的事。他们觉得，他们对曾支持种族隔离制度的人所提的问题和所抱的态度，是公平和恰当的。当然，他们也承认自己完全了解这些人帮助种族隔离制度给受害人带来的痛苦。我强调，他们完全有自由拥有自己的感觉，但必须谨慎地保证公允和不偏不倚地处理所有案件。我指出，对他们的批评，并非来自那些对委员会抱有敌意的记者，而是那些希望看到我们成功的人。我的同事们坚持认为自己没错，而且对所有并非一贯客观或支持斗争的媒体抱怀疑态度。这次会上，显然大家并非同声相应。抱有反对意见的委员写了一份书面材料，其中一段对我的原则性提出质疑。我对整个事件非常重视，我们的工作可能因此受到无法弥补的损失。于是，我说我不可能在我的诚意受到攻击的环境中工作。我还说，如果他们不重新考虑他们的声明并认识到其行为的严重性，我将提出辞职。最终我们还是找到了圆满的结局——那个段落被撤回，而这一次的内部危机和辞职威胁也没有透露出去。但是，我们为此事都付出了身心两方面的代价。

我们在努力学会相互信任，成为一个更为团结统一的整体。这中间我们遇到不少坎坷和波澜，但和涉及一位委员的指控相比，这一切就是小巫见大巫了。在一次大赦听证会上，一位委员被指控曾参与了听证所涉及的事件，即 1993 年 12 月 30 日阿扎尼亚人民解放武装对开普敦郊区瞭望区海德伯格酒馆的袭击，至少也是个同谋。事件中，两名武装分子对酒馆的客人开枪扫射，造成 3 名妇女死亡，6 人受伤。他们还向人群中投去装满钉子的手榴弹，幸而没有爆炸，否则死伤人数还要更多。在被指控的 6 人中，3 人被判长期监禁。正是审议这 3 人——汉弗里 · 卢杨铎 · 基昆发、维伊希勒 · 布赖恩 · 马达斯和祖拉 · 普林斯 · 玛巴拉时，一个证人认出了作为委员和调查部领导的杜米萨 · 恩彻贝扎先生。

在调查这些大赦申请的过程中，调查组在过去警察的档案里，找到一个叫贝纳特 · 斯巴亚先生的书面陈述。陈述中说，斯巴亚在海德伯格酒馆袭击事件后不久，在开普敦的黑人小镇古古乐图，看到一群武装分子在一辆以恩彻贝扎先生名字注册的车里。斯巴亚先生说，他还见到一张纸，上面画着去海德伯格酒馆的路线草图。委员会调查人员和斯巴亚先生进行了面谈，他进一步证实了陈述中的内容。在 1997 年 10 月的听证会上，他就所作的陈述出面作证。当问到斯巴亚先生是否能够认出他在古古乐图看到的站在车边上的恩彻贝扎先生时，全场都屏住了呼吸。他缓缓地在屋子里走着，经过恩彻贝扎面前，然后又折回，说他就是那天晚上他见到的人。

与这一证词及指认相比，委员会内其他的事情都变得像周末野餐那样轻松。听证结束我回家时，心里多么希望这不过是一场可怕的噩梦，一觉醒来我们会看到真相与和解委员会仍是秩序井然、有条不紊地工作着。然而不是这样，这就是严酷的现实。报纸为此刊出大幅标题，电视连续播放斯巴亚先生在屋里缓缓走动最后停在目瞪口呆的恩彻贝扎先生面前的画面。值得称道的是，恩彻贝扎先生没有做出什么一时冲动的反应。我心怀忐忑地相信他是正直和无辜的。斯巴亚先生经受住了恩彻贝扎的律师穷追不舍的犀利盘问。许多人都说，他的表现非常出色。尽管他只是个没受过教育的花工，但却非常自信，不任人摆布。他似乎讲的是实情，我们的确遇到了大麻烦。几个月前，我们的调查人员就听说了这份陈述的事，但我们错误地认为，通过一种恩彻贝扎回避的内部调查，可以在听证进行之前解决问题。但我们没有做到，现在事情公开化了，整个委员会的工作都受到了威胁。

这个特殊案件如同委员会本身的 O. J. 辛普森案，对工作人员来说尤其如此。他们几乎按种族分裂成相等的两个阵营。认为斯巴亚先生讲的是实情的人，觉得他太老实，不可能编造出他所讲的一切；只有一种解释，即他没有编造。斯巴亚的大部分支持者都是白人。同样，也有人深信恩彻贝扎的话，认为他是无辜的，而这些人大多是黑人。种族隔离真是贻害深远。

你可以想象委员会的敌人是什么感觉。当我们被头上的阴云压得喘不过气来的时候，他们却在郊游。这件事从根本上动摇了我们。如果发生在委员会建立之初，我们必毁无疑。但两年后的今天，我们已经建立了更多的相互信任。委员们几乎一致接受恩彻贝扎的正直不容怀疑，我们相信他的话。这里面有些值得庆幸的事，但更多的是矛盾和沮丧。

在指认恩彻贝扎引起轩然大波几天后，斯巴亚便惴惴不安地要找我谈话。他坦白说给警察的书面陈述和后来的证词都是假的。他说海德伯格酒馆袭击事件发生时，他恰好因非法贩卖小龙虾被捕。他被警察酷刑威逼作了伪供，陷害恩彻贝扎。当时，恩彻贝扎被警察认为与阿扎尼亚解放武装及泛非大有牵连，面临着一系列指控。他在数次政治审判中为他们担任律师，和1981年被杀的德班律师格里菲斯·姆先格一样，成了警察的眼中钉。

说我们如释重负，还不足以表达当年的情形。我们还争分夺秒地要让整个世界了解这一情况。我带着斯巴亚先生参加了记者招待会，他的辩护律师也在场。一场噩梦不可能有比这更好的结局了。对那些盯在我们身后恨不得现在就给委员会下讣告的人，这是最好的驳斥。这些日子里，可怜的恩彻贝扎如同生活在地狱里。虽然几个同事的支持可聊以自慰，但这哪里敌得过工作人员中半数和外面的大部分人都对你谴责呢！秃鹫在头顶盘旋，吃不吃掉你只是早晚的问题。

尽管斯巴亚先生进行了坦白，委员会还是决定请曼德拉总统紧急任命一个司法调查委员会进行彻底调查。总统爽快地答应了我们的请求，任命了德高望重的宪法法院法官理查德·戈德斯顿，并要求他尽早提交报告。我认为在法官的报告出来之前，恩彻贝扎暂时回避委员会的工作是明智之举。但他拒绝了，因为他说这等于承认自己有罪，而他完全是清白的。

戈德斯顿法官行动迅速，很快就提交了报告。他认为指控是错误的，恩彻贝扎无罪。他批评委员会没有在指控刚出现时就要求进行独立调查。我应该对此负责，因为我的确希望通过内部调查把事情查个水落石出。我想另一个动机是我希望尽量避免委员会出丑，尽量庇护同事。这不是明智的决定，也表明保持透明是多么重要，对所有人都有好处。但是，这段经历再次表明旧制度即使寿终正寝，也会想方设法拔除身上的肉中刺。如果不能排除这种影响，我们还会为那个时代的警察系统付出代价。

前总统曼德拉的确是个了不起的人。这已经是尽人皆知的事实，再说就有点陈词滥调了。他知道恩彻贝扎会坐卧不安地等待戈德斯顿的报告。因此，一拿到法官的报告，他就急切地要让恩彻贝扎知道他完全无罪，打电话把这个好消息告诉了他。但是，我对这一不顾礼仪的举动却感到不快，于是打电话给总统秘书，说她应该告诉总统我不高兴，因为作为委员会的主席，我应该第一个了解报告的内容。我刚挂掉几分钟，总统就来了电话。他说："姆彼罗［我的非洲名字］，你是对的。我应该先告诉你，但我为那个年轻人担心。我道歉。"像他这样如此屈尊的大人物，我所知道的没有几个，但他在全世界都被认为是一个特殊的人。

每次我想低头认输的时候，这样的事情就会发生。真和善终于占了上风，而我又一次意识到能参与如此非凡的试验是何等的荣幸。于是我又抖擞精神继续前进，直至遇到下一次迎头打击。

还没有来得及说"种族隔离"之前，又一次危机在 1998 年 10 月 29 日我们向总统提交《报告》前夕意外地发生了。现在我更明白了什么是"鸡没孵出来前先别忙着点数"。

建立真相与和解委员会所依据的法令规定，委员会意在对个人、机构或组织进行不利调查时，必须书面通知调查对象。这类通知送达过个人，也送达过各种党派。每个调查对象都有机会向委员会提供进一步证据，修正不利调查的结果。所有得到通知的一方，都有机会与委员会对话，但只能书面进行，因为根本就没有时间听取为数众多的可能被指控为罪犯的人的口头陈述。在非国大的案件里，各种问题已经在三次涉及其政治和武装领导人的听证会上得到明究细查，他们也得到了充裕的时间对通知予以答复。

非国大要求和委员会举行特别会议，讨论通知里的内容。我必须说，我们中有些人对此十分吃惊，因为对非国大来说，通知不过是一个形式而已。几经推敲的调查结果，都是以非国大自己递交的翔实、全面、坦诚的材料为依据的，其中包括为违反人权行为表示遗憾。这些行为有时是解放运动的特工在执行非国大的政策，有时是因为他们没有完全遵守非国大的指示，还有一些则是干部对种族隔离当局的报复行动。

比如，非国大为在地雷战中造成的平民伤亡（地雷战也因此而终止）以及比勒陀利亚教堂街爆炸事件中伤害了无辜，而表示歉意。非国大还承认，有些女性成员在设在安哥拉和其他地方的军营被奸污，领导层为此承担起了道义和政治责任，不愧为表率。这一原则立场在非国大的最高领导层身上得到合乎逻辑的表现，他们集体象征性地请求大赦。这一姿态高尚、可敬，充分说明他们没有抛弃自己的队伍，而是情愿代为受过。可惜《促进民族团结与和解法案》中没有集体申请大赦的条款，但是这一举动背后的动机是值得称道的。因此，我们没有想到他们会给我们带来什么麻烦。

委员会代理主席杜米萨·恩彻贝扎委员和非国大进行了频繁的联系，指出所有收到通知的人都应立即以书面形式就相关问题向委员会作出答复。非国大秘书长许诺向委员会提交该党的书面答复，因此他觉得问题已经妥善解决。但是，非国大直到超出了我们规定和他们许诺的最后期限，才递交了答复，然而《报告》已经付梓。

这一切发生时，我和伯莱恩博士都在美国做访问学者，他在纽约大学法学院，我在埃默里大学坎德勒神学院。我们原计划回国参加委员会交接之前的最后一次会议。交接仪式本该是一次盛大的活动，到会的将包括受害者代表、外交使团以及各宗教团体和非政府组织的代表。南非广播公司届时将在电视和电台进行实况转播。真相与和解委员会将登台亮相。

最后一次会议差不多就是例行公事。我们已经变得非常亲密并共同经历了那么多难熬的日子，在最后一次正式会议上，大家不免情绪激动，依依不舍，甚至黯然神伤。我们首先宣布，大赦专门委员会的两位委员已被任命担任全国副总检察长的要职，而两位也非常称职。然后，又讲了些闲杂事项。接着，犹如晴天霹雳，一位委员提出重新审议非国大要求召开一次会议的要求，因为有些委员认为应该召开这样一次会议。重新审议开始时已经是 11 点钟。我和其他委员力图说明，这样做只能让大祸临头，因为这可能被解释为向执政党献媚，任何其他个人或组织都没有得到过类似的待遇。有些委员敦促说我们应该审议非国大迟交的书面回复，而两天后共 5 卷、2700 页之巨的《报告》就将印好，并提交曼德拉总统。

审议非国大在我们的宽限期后才迟迟提交上来的答复，甚至可能带来更为灾难性的后果。即使他们能有理有据地说明为什么委员会应该修正其调查结果，我们修改《报告》的最终结果，只能是让几乎所有的人都说，有充分的证据说明真相与和解委员会不过是非国大的马屁精和吹鼓手。这一点似乎不言而喻，但那些敦促重新审议整个问题的同事们却固执己见，坚持与非国大举行会议或审议其答复，即使《报告》提交在即，也毫不动摇。

我真的不敢相信自己的耳朵。委员会的信誉和声望明摆着受到了威胁。任何理智正常的人都不会愿意冒险抹杀委员会的卓越成就，破坏民族和解的工作。我想盲点之所以称为盲点，大概确实有看不到的地方。即使伸出手在眼前晃，不愿或不能看见的人也还是看不见。我看到整个进程将毁于一旦，脑子里一片空白。对那些不幸的受害者来说，这莫过于最大的恶作剧。他们为了民族那么慷慨、那么高尚地放弃了自己的权利，而现在我们却要朝他们脸上吐唾沫，以此作为对其宽广胸怀的回报。

我们很少投票表决，但这一次却必须在紧张的气氛中投票作出决定。赞成与非国大开会的一方以微弱之差失败。然后，我们投票表决是否审议非国大的书面答复。结果，7 票赞成，7 票反对。僵局。我从未使用过自己决定性的一票，但这次我投了非国大的反对票。本该亲切友好、完全不存在争议的最后一次会议，竟搞得剑拔弩张。

有些同事似乎知晓非国大决定如果不开会就将我们告上法庭的意图，可能是想避免这种尴尬局面的出现。得知这一消息后，我肝胆俱裂。在按期提交《报告》的前一天，非国大居然做出这种事——他们居然请求最高法院下令阻止我们发表《报告》中任何涉及非国大违反人权行为的部分，除非我们审议其答复材料。一切都那么不可思议。德克勒克也提出申请，要求删除对他不利的调查结果。他的行为我们尚可理解，甚至可以说这是他的一贯特点。但是，一贯支持和解进程的非国大做出这样的事，却是大出意料，而且完全有悖其特性和态度。

从开普敦到即将举行交接仪式的比勒陀利亚途中，我心情十分沉重。我们的法律部和律师委员通宵达旦准备提供给法院的有关材料。法院将在仪式前不久宣布其判决。我们继续着各项准备工作，好像头顶没有高悬达摩克利斯之剑。我们为世界各地的记者开辟了专门场所，使他们能在仪式开始前的三四个钟头里阅读长达 5 卷的《报告》，准备头版消息。

法院的裁决下来了，非国大败诉，并承担全部费用。消息传来，我们不事声张地庆祝着。我禁不住感谢上帝，我们终于没有让受害者失望。整个仪式尽管比原来增加了悲哀的色彩，但却非常隆重，既庄重，也不无欢庆，悲哀与欢笑、泪水和狂舞交织在一起。在我们的顶级唱诗班悠扬的歌声中，总统和我翩翩起舞，跳起了后来被称为“马蒂巴漫步”的舞步。

当我把真皮装帧的《报告》递交给曼德拉总统时，心中充满感激之情。我感谢上帝这样善待我们，让我们挺过了许多艰难的时刻；感谢让我们能够竭尽所能揭示真相；感谢我们这个机构能够为人们带来了结、安慰与和解；感谢我们能够正视魔鬼；感谢上帝给了我出色的同事；而最应当感谢的还是那些来到委员会向我们、向世界敞开自己的人们。他们置自身于不顾，在恢复自己尊严的同时，也帮助我们重新获得了人性。

正如圣保罗所说，我们是名副其实的、脆弱而有缺陷的土陶。至高无上的荣耀无疑是属于上帝的。

# 第十章 “我们原来不知道”

正常、体面、敬畏上帝的南非白人，何以能够对一个剥削、压迫和践踏与他们共享一块土地、共有一个家园的人们的制度视而不见呢？如果没有这些少数特权阶层的支持，种族隔离一天也不可能存在。如果像他们许多人后来所称，他们“原来不知道”，为什么白人中又有人不仅知道官方政策的毒害，而且谴责这一邪恶政策，并努力结束这一政策呢？如果那些大大受益于种族隔离的人不是在纵容或听之任之的话，那么这些人又为什么会遭到其他白人的排挤和敌视呢？

应该指出，许多白人生长在这一制度中，他们不知道还有什么其他制度，对此抱着默认的态度，因为这种现状给他们带来莫大的舒适。这个制度并不幼稚，而是极为精密复杂的。黑人城镇往往设在白人的视野之外，眼不见自然容易心安理得。如果是白人，就必须愿意费上些周折，才能见到黑人城镇。有些人确实这样做了，但大部分人更愿意待在郊区安闲、富有的舒适窝里。我们——南非的黑人和白人——罹患了精神分裂症，我们在身心两方面都生活在两个分割的、相异的世界里。我任主教时，住在绝对是开普敦高档郊外社区的主教廷。这个区的富足可以和世界上任何地方相媲美，有的是豪宅大院、花园泳池。即使离像兰加或古古乐图这样最近的黑人城镇，也有相当远的距离，而其他方面就更是大相径庭了。如果不是真的想要亲眼看一看黑人城镇，白人一般不会涉足这里，甚至不愿打此经过。一个正常的白人为什么要找这个麻烦呢？

不过今天却找不到一个曾经支持过种族隔离的人。但是，委员会想要搞清楚为什么这样一个不可接受的制度竟存在了这么久。《法案》要求我们搞清严重违反人权状况发生的“先例、条件、因素和背景”。为有利工作，我们进行了所谓“机构听证”，由主要社会机构的代表陈述其与种族隔离的关系。

法律界、医疗部门、商界、宗教界、工会及媒体，对我们的邀请作出了积极反应。有些机构允诺前来陈述，但未能守信。其他机构则断然拒绝，其中包括代表白人农场主的南非农业联盟和白人的矿工联盟。在南非进行大规模投资的跨国石油公司没有答复。我们就青年、征兵、监狱等问题举行了听证，还专门召开了妇女听证会。

在大部分听证中，观点通常都因种族界线而歧异。黑人自然而然对这些机构在支持和维持种族隔离中的作用持批评态度，而同一机构中的白人则为维持压迫现状申辩。一个人的观念的确要视其人及其所在而定。许多白人支持征兵——在种族隔离制下只限于白人——因为他们相信政府的观点，认为文明生活的最后堡垒受到了威胁。大部分白人视希望废除征兵的白人青年为懦夫和叛徒，而反对派则认为征兵无异于参与保卫他们所憎恶的制度。有人提醒我们要警惕以偏概全，情况比乍看起来复杂得多，需要进行慎重和细致的分析。

机构听证揭示出，在这个国家里，大部分人被有系统地、蓄意地排斥在政治决策进程之外。这继而意味着他们被排斥在任何权力和有影响的领域之外，经济、社会各个领域无所不包。最明显的例证莫过于在社会生活中没有一个非白人担任要职，保证了他们的声音能被听到，他们的观点受到重视。大部分白人从自己的角度看问题，这也不足为奇。他们的价值观被认为是四海皆准的，所有人都应该符合欧洲中心论的观点，否则就是下贱的异类、怪胎和被驱逐的对象。大部分白人对此不假思索就接受了，而这些观点又得到有效保护白人利益的现状的鼎力支持。

许多机构在种族隔离制下的运作方式，在媒体听证会上可见一斑。白人掌握报纸的所有权。新闻从白人的角度报道。即使自认为是自由派并可称为反种族隔离的报纸，也长期认为形容一场事故中“一人和四个土民”受伤，无可厚非。白人记者和编辑似乎从来没想到，这恰好揭示了其内心的态度。尽管没有明言，但潜意识里，他们认为黑人不像白人一样也是人。可能有人对此说法大为光火，但听者所得之意的确如此。

整个国家其他事情的规范，也证明种族主义深深侵入了南非人的生活秩序。因而，这些同样的报纸一贯使用政府偏爱的说法，将被黑人称为“自由战士”的人说成“恐怖分子”，也就不足为奇了。他们本来可以使用较为中性的词汇，如“造反派”或“游击分子”。南非政府懂得必须以恐怖主义置解放斗争于不义，因为他们知道这会引起白人及国际社会中许多人巴甫洛夫条件反射式的反应。

号称反种族隔离的报社，在其新闻采编室里却实行着这一制度——诸如饭厅、厕所之类的公共场所均按种族进行隔离。黑人员工无论是进修机会还是工资，总是非常背运。报社亦不反对进行自我新闻检查，以免触怒政府，并美其名曰规避法律控制。当种族隔离政府关闭黑人报纸《世界报》（*The World*）后，属于同一家报业公司的白人报纸进行了不冷不热的抗议，还旁敲侧击说《世界报》是在玩火，结果烧了自己。白人记者的报道往往比黑人的更受青睐，即使后者的第一手经验更多也无济于事。黑人记者报道安全部队对黑人的残暴行为时，其稿件一般都以有诽谤之嫌被修改得语气较为缓和。我们现在当然知道，黑人记者是如实报道的。编辑也会气愤地抗议，说自己不是种族主义分子。不，他们要的是“客观描述”。他们并不在意从谁的角度定义“客观”二字，因为他们的标准被认为是普遍标准。被指责为种族主义者，会令他们大惊失色，但事实上，如果黑人一词和他们对自己人的认识及其“正当标准”相冲突时，他们便拒绝接受。黑人中无人能够旗鼓相当地与其抗争。这些报社甚至出版了城镇版，似乎要显示他们承认对什么有新闻价值存在着不同的观点和认识。许多黑人对此态度颇为矛盾，因为城镇版的存在似乎正是遵循了政府各种族各自发展的旨意。

政府威胁要严办那些“没有纪律”、惹是生非、鼓动黑人的报纸。这一招的确奏效。那些报纸的业主们乖乖就范，做了政府的帮凶，甚至关闭了一家勇敢地拥护被压迫者斗争的报社。这家报社就是拥有一些出色编辑的《兰德每日邮报》（*Rand Daily Mail*）。它一直是政府身上的芒刺，在同业的压力之下，只好关闭。政府懂得既相对自由又顺从听话的报业的价值。这可以起到很好的对外宣传作用：“南非没那么坏吧？至少其新闻业是自由的，有批评精神的。”阿非利卡新闻界则大言不惭地颂扬和支持种族隔离政府。阿非利卡报社对此毫不讳言。他们坚定地站在国民党和政府一边，大部分是党的喉舌。

电子媒体情况亦然。南非广播公司掌握在阿非利卡兄弟会这一秘密社团手中。该会成立于 1918 年，旨在促进阿非利卡人的利益。其触角无所不在，深入到教会、学校、商业、文化界、大学、专业人士、国防军、体育和媒体之中，当然还包括政府的政策。它的政策成了政府的政策。如果不是这个强大无比、无所不在的秘密社团的成员，要想在阿非利卡人世界中的任何一个领域出人头地，机会等于零。违背其戒律和决定，就休想取得成功。

于是，南非有了一致的最高德行：不要与制度作对。最高德行的基础，就是对兄弟会言听计从。这可能也是为什么人们没能培养出提出尖锐问题的能力的原因。对大部分人来说，只要某个权威人士发话了，事情就有了定论。就算并非不可能，至少他们觉得很难区分什么是权威、什么是专断。最后连最为奇怪的事情也可以接受，因为他们已经培养起从众的本能。由于日元的巨大能量，来访的日本商人被尊为“荣誉白人”。在南非出生的华裔是“非欧洲人”，而出生在中国的中国人却自然而然地被归入欧洲人之列！好在这一切并未产生重大影响，否则真是荒唐至极。有些人甚至因为被错误地划归到其他种族而自杀，因为种族归类关乎所有的自身价值和特权。它决定了你可以住在哪里、可以和谁结婚、孩子可以上什么学校、你可以做什么工作，甚至死后可以葬在哪里。

南非广播公司的主席一度是兄弟会的头目，而阿非利卡人大权在握，甚至监督为非白人提供各项服务的咨询委员会都由清一色的白人组成。我们得知，广播公司雇用的黑人，无论培训或使用的设备，都要次人一等，工作时间也安排得别别扭扭。他们被禁止目视白人妇女，违规就要受罚。不可思议的是，员工纪律条例中规定，员工可以在解雇和受鞭刑之间作出选择。在我们的媒体听证会上，人们才第一次得知这惊人的内幕。黑人员工成了这种野蛮政策的受害者。

这一切之所以可能，完全因为种族主义意识形态盛行。如果总统不喜欢电视新闻中的某个词，就可以中断新闻，必须立即修改。没人觉得这有什么不正常。这就是过去的南非，政府掌管一切，没人敢提出质疑。身为国家总统的博塔是个刚愎自用、喜怒无常的人。他脾气暴躁，据说七尺的汉子、他的内阁大臣竟让他尖酸刻薄地训斥得哭起来。没人敢惹他，他想要什么就能得到什么。

在听证过程中，宗教界比其他机构都更诚实地坦白自己的错误和与种族隔离现状合作的事实。他们承认，他们的确公开和尖锐地批评种族隔离，但在机构的运行中却实施着种族隔离。有些机构分裂成种族集团。弗兰克·契卡尼博士就曾被同一教派——使徒信心会的白人成员所带领的安全警察审讯并拷打过，而那个人结束拷打后竟径直到教堂做礼拜去了。（这个教派的两个阵营在一次感人的弥撒中和解，白人教徒请求黑人教徒宽恕。）在真相与和解进程中，宗教界认为他们在帮助人们抚平创伤、鼓励信徒的和解与补偿方面，肩负着特殊的责任。

白人农场主和从事商业性农业的人不仅是最初占领土地之行为的受益者，而且得益于臭名昭著的1913年《土地法》，获得了大片土地。他们以极为优惠的条件，首先从国家，后来从土地银行得到补贴和贷款。他们有源源不断的廉价劳动力，因为通行证法禁止黑人在粮食生产上与备受宠幸的白人农场主竞争。实际上，黑人曾一度成长为成功的农民，对白人造成了现实的威胁。政府把黑人赶离土地，让他们去做矿工。有人建议，教会应该仔细审查其土地的获取方式，如果是以不正当的手段取得了土地，就应该物归原主。人们也敦促教会研究如何缓解无地农民对土地的渴求。

医疗部门也是按种族分裂的。第二次世界大战前，南非没有培养过一个黑人医生。1990 年以前，医学院对黑人学生存在严重的歧视。他们常常单独上课，几乎被禁止在白人身上做解剖实验，而且几乎从未在妇科和产科做过临床诊断。得到同样的资历后，他们却挣不到和白人同事一样的工资。但医疗界最可憎的表现体现在其与安全警察的合作中。一些地区的医生完全违背医德。在检查被拘留者时，他们根本不遵守医生和病人的保密原则。他们总是在有警察或狱官在场的情况下检查病人。他们屈从于警方的压力，在未经病人许可的情况下，就将检查报告交给警方，根本置病人的利益于不顾。最为臭名昭著的例子，当然是前面讲到的史蒂夫·比科一案，医生们将病人的死活交给了警察。有些医生教警察如何不留痕迹地进行拷打，告诉他们犯人还能承受多久。另一些医生则拒绝给受伤的激进分子治疗，理由是警察需要从他们身上得到更多的消息，或者他们不能帮助恐怖分子。

法律界也好不到哪里。直到 1990 年，一些地区的律师协会仍拒绝黑人加入，使黑人律师难以从业。种族隔离时期的一条法律禁止黑人在白人区设立事务所。现任大法官伊斯梅尔·马霍麦德曾不得不钻到白人同事事务所的厕所里吃午饭，而白人则在专用的白人餐厅用餐。他要工作时，必须搞清哪位白人同事出庭，以便暂时借用其办公室。种族隔离制将他划为印度裔人，因此他不得在过去最高法院的上诉庭所在地布隆方丹过夜。于是，当他在南非最高法庭辩护时，不得不在开庭期间日行 400 英里，往返于约翰内斯堡和布隆方丹之间。（具有讽刺意味的是，现在作为大法官，他的官邸就在布隆方丹！）在真相与和解委员会负责审理的时间段里，几乎所有法官都是白人男性，无论承认与否，他们都为自己的职责打上了白人的烙印。

不幸的是，南非的法官高高在上，几乎被奉为圣人。他们极少有人能真正进入站在面前的被告的世界，因为那些人是黑人，而种族隔离制下黑人的经历，黑人所遭受的屈辱、剥削和压迫，对他们来说是个未知世界。因此，很少有法官会理解或同情黑人的政治抱负。法庭之外，他们见到的黑人只有家里的仆人，也不可能问这些人黑人究竟有何感受。黑人因政治罪受审时，作为赋予白人特权与霸权的统治阶层一部分的白人法官，几乎无人同情试图推翻他们已习以为常的制度的人。因此，大部分黑人将其视为压迫制度的组成部分。法官和律师不假思索地参与了极为不公的司法体系。大部分的法律甚至不加掩饰，毫无公正可言。

在种族隔离制度下，南非白人混淆了“合法”和“道义上正确”这两个概念。因此，当我和另一些人指出不公正的法律并不一定要遵守时，他们大为恼火。他们对教会和大众民主运动及其所领导的抵制不公正法律运动，非常不满。许多南非白人认为非法等于不道德。如果向他们指出世界上存在着禁止夫妻同床共枕的法律，他们似乎不明白基督徒的义务是要服从上帝的法则，而不是哪个人的法则。上帝的法则告诉我们，上帝结合的人，任何人都不能拆散。（在控制黑人人身自由的法律下，如果妻子到丈夫做合同工的白人城镇找他，并同宿在男性宿舍，就是违法。）

当我们问法官和律师为什么与违背正义的种族隔离制合作时，他们往往说最高权力在议会，给司法部门留下的回旋余地很小。当被问及为什么不辞职，拒绝与不公正的制度合作时，他们说他们害怕政府会任命更不具正义感的人，保住一点正义的机会总比没有好。我认为，议会的最高权力只有在真正的民主国家，议会确实代表人民时，才能实现。南非显然不在此列。能有相对坚持法治的法官在位当然不错，但是如果他们辞职，或许种族隔离的丑恶可以更早更深刻地暴露在世人面前。这样的立场可以加速种族隔离制的灭亡。南非政府利用了司法独立。

有些法官向委员会提供了精彩的陈述，但遗憾的是他们拒绝出面作证，声称这将有损其独立性。这样的托词很难站得住脚。委员会是一个独特的机构，几乎没有重复这一进程的可能，因而也不可能形成先例。法官和其他到委员会作证的人一样，不会被送上被告席，而是要和我们一道探讨问题究竟出在哪里，构建怎样的司法系统才能帮助我们创建尊重法治、尊重人权的文化。或许我们没有动用委员会的权力传唤这些法官是个错误，因为他们始终违背事实，坚持自己没有责任。大部分黑人都认为司法界是邪恶制度的同伙。他们使这一制度得到了本不应得的合法性，玷污了整个司法制度。

我们黑人的理解，是黑人在南非的法庭上处于极为不利的地位。法官中不乏可敬的例外，他们不仅竭力为处于最不利地位的人们挤出一点正义的空间，而且完全没有参与制定那些可恶的法律条款。但是，他们大部分人都拒绝接受一般都是黑人的被拘留者指控遭受酷刑的证词。即使有医学证据支持指控，他们也总是相信警察。一位高级警官向委员会证实了我们认为检察与警察部门之间存在合作的直觉。在调查激进分子神秘死亡案时，情况更是如此，地方法官几乎总是判决无人有罪。他称，在一次质询中，检察官把将向他提出的问题和他应该提供的答案，都事先交给了他。

现在司法界在变革，有更多的女性和黑人被任命为法官。但最近的 4 个案子，让许多人认为这一系统仍为种族隔离心态所左右。

我们的总统纳尔逊·曼德拉被破天荒地传去作证，案子涉及他任命一个司法委员会调查在很大程度上仍然为白人控制的足球业时所凭借的依据，结果法庭判他有罪。另一个案子，一个白人杀害了一个黑人婴儿，但仅被判了缓刑。第三个案子，两个白人警官用铁镐抡向人群，造成两人死亡，但法官量刑极轻。第四个案子，一个白人用枪吓唬一个黑人妇女，把她赶出他的地界时，将她枪杀了，但也只被判缓刑。这类事情无法让从来就不相信这一制度的人们对它建立起信心。

至于工商界，大部分黑人都认为所有公司都参与了种族主义的资本主义，与种族隔离统治者沆瀣一气，以赚取最大利润。工商界，特别是矿山，得益于严格限制黑人人身自由、使他们不能在公开市场上自由出售劳动力的通行证法。这些邪恶的法规将班图斯坦（黑人家园）变成了源源不断地供应廉价劳动力的基地。合同工只有在就业期间才被允许进入白人城镇。他们被迫住在单性别宿舍，黑人的家庭生活因而受到极大影响。通行证法及其他法律，使白人的公司得以积聚大量资本，并垄断股票交易。

联合国的一份报告[1]指出，南非的贫富差距令人瞠目结舌，为非洲大陆之最。真相与和解委员会认为这种情况随时可能导致灾难，必须立即消除这一差距。委员会收到的建议，包括征收财产税、一次性公司和个人所得税，或要求在约翰内斯堡股票交易所上市的私营公司将其市值的1%作为捐款，用于黑人的发展。委员会让专家们去决定这些建议的可行性，但在报告中明确指出一点，即如果种族隔离受害者的物质生活没有得到切实改善，我们就可以跟和解告

1 《人类发展报告》，联合国开发计划署（UNDP），牛津大学出版社，1997年。

别了。没有某种补偿，就不可能有和解。

我们进行的妇女听证会，揭示了女性非凡的毅力和勇气。统计表明，妇女到委员会作证时，讲述的几乎都是他人的经历；而男人作证时，几乎无一例外讲的都是自己的经历。因此，我们认为有必要进行专门的妇女受害者听证会，听取与女性相关的犯罪和违反人权事件。妇女在无人陪伴时似乎比男性受到了更大的伤害，折磨她们的人更容易利用她们的亲人打击她们，比如谎称孩子生病或生命垂危。许多人诉说遭受过性虐待，性别成了侮辱她们的手段。她们或遭奸污，或在月经期间无法洗浴，或遭警察谩骂，说她们之所以参加解放运动，是因为找不到男人，实际上是男战士的免费妓女。

我在受害者听证会上第一次意识到，我们欠女同胞的太多，没有她们就没有我们取得的自由。我要为她们在斗争中发挥的卓越作用，向她们致敬。一天，我的夫人丽雅指着一个汽车保险杠上的贴条喜不自禁，上面写着：“想和男人平起平坐的女人没有野心！”南非妇女的确了不起。

## 好坏参半

我们委员会确实带来了一些意想不到的美好事物。在伊丽莎白港进行的一次违反人权案专门委员会听证会上，艾维·格琴纳女士讲述了白人女狱官艾琳·克鲁斯对她的照顾：

> 同一天晚上，我看到灯光亮了，牢房的门开了。我不知道是谁打开了牢房。我根本就没看。她对我说：“艾维，是我。我是克鲁斯中士。我给你拿了点药来。”她晃晃我，让我把药吃下去。我告诉她我连东西都拿不起来，不过我可以试试。我

跟她说我会尽一切努力。她说："没关系，别担心。我会帮你的。"她让我吃下药，然后开始给我按摩。这样下来，我至少可以努力睡下。

几天后，一家地方报纸《东部省导报》(*Eastern Province Herald*)在头版刊出艾维·格琴纳和艾琳·克鲁斯拥抱的照片，并附有以下报道：

> 昨天饱受折磨的激进分子艾维·格琴纳和她的救命天使——善良的女狱官重逢。在她经过数小时安全警察的残酷审问后，是这位女狱官握着她的手，为她疗伤。当两个人流着泪悲喜交加地在露台上拥抱在一起的时候，37岁的艾琳说："我从没想到你会记住我。"59岁的艾维答道："可我被打之后，是你夜里来到我的牢房帮助我的。这样的人，你能忘吗？"
>
> "那是两个人、两个女人的相逢。"艾维追忆道，"我们是那么心心相印。她给我拿来干净毛巾，嘘寒问暖。关系是那么融洽。"艾琳答道，帮助艾维时她觉得自己不过是在"尽职"。

如果说真相与和解委员会尽善尽美，其成员无可挑剔，则未免言过其实，而且完全是事与愿违的。事实显然并非如此。我们都有缺点，和其他人一样，既有才干，也有错误。谁也不能以道德模范的标准来对我们指指点点。只可惜我们不是，这令我们无比沮丧和懊恼。不难看出，委员会如同牧师的鸡蛋[1]，部分是好的。委员会的确有非凡之处，也取得了显著成就，但有些事情我们完全可以用不同的方式，有些事还可以做得更好。但事情就是这样，我们是在未知的海洋上航行，而且常常需要灵活应对即时出现的情况。能够取得如此巨大的成就，要归功于所有参与这一进程的人们。

在我看来，委员会的最大不足就是未能吸引大部分白人参与真相与和解进程。这当然可能因为我们的过错，但也可以肯定，我们的白人同胞也犯了一个错误。因为与此同时，他们也拒绝全身心地欢迎新制度。我认为，他们花费了过多的时间无病呻吟，尖刻挑剔，在无中生有或真正找到现任领导人的短处时，过早地喜不自禁。他们对自己失去部分政治权力过于愤恨不满。问题是，他们认为在任何社会政治体制中，只有两个选择：要么做人上人，要么是人下人。在这样的意识中，没有参与和共享权力的一席之地。

可悲的是，南非白人没有一个自己的、有分量的领袖——也必须是他们自己的领袖——告诉他们：“白人同胞，觉醒吧！如果说你们失去的是绝对的政治统治，那么情况的确如此，但是你们手中仍然掌握着很多权力。你们仍掌握着大部分经济权力，你们几乎没有金钱上的损失。你们没有被赶出美丽的家园，没有生活在棚户里。你们受到了比黑人强出许多的良好教育，这也赋予你们很大的权力。你们可以热烈地欢迎新制度的到来，并以自己的资金、才干和技能，助其一臂之力。我们已经非常非常幸运。让我们以自己的所有，促进新制度的成功。否则，总有一天，黑人会因政治变革没有

1 指质量优劣兼备，源出 1895 年 *Punch* 杂志所载一位胆小的助理牧师与主教共餐时分得一只坏蛋，却说此蛋也有部分是极好的。——译注

给他们带来物质上的实惠而愤怒，那时候就没有曼德拉这样的人物控制他们了。新制度的成功才是我们的最大利益之所在。没有我们的合作，它会失败，而我们也会和‘泰坦尼克号’一起沉入大海。”

尽管我们进行了不懈的努力，但仍未赢得因卡塔自由党的全面参与。我们的确进行了努力。他们的正式参与最多只能说是不冷不热，更多的时候是敌对的表现。我们向该党领袖布特莱齐指出，其组织的普通党员只有在违反人权案件专门委员会作证后，才能根据《促进民族团结与和解法》被确定是否属于受害者，是否符合享受总统基金赔偿的条件。直到我们这样声明之后，他们才告诉其党员应该到委员会作证。如果他们这样做了，就会被转给赔偿与复原专门委员会，包括进赔偿金受益者的名单。我们不得不在很短的时间内，处理大量在规定期限的最后时刻才递交上来的申请。有些受害者可由大赦专门委员会直接转给赔偿与复原专门委员会，但大部分受害者一般是通过违反人权案件专门委员会转交的。未能及早争取到因卡塔自由党的参与，成了我们的又一缺陷。

在赔偿与复原的过程中也存在缺陷。首先，大赦申请成功的人立刻就自由了，而受害者则在我们的《报告》递交一年之后还在等待最后的赔偿。这令我们非常沮丧，前文已经述及。我也讲过，许多受害者感到，到委员会作证是个转折点，使他们能够为过去画上句号。但是，包括委员在内的一些人批评我们没能提供长期的心理咨询和帮助。当然，我们有自己的咨询员，给予证人的支持和同情远远超出一般刑事法庭。但是，很可能有些人在委员会面前重新揭开自己的伤痛后，由于没有得到足够的专业帮助化解自己的愤怒，反而加重了创伤。难就难在我们得到的授权是进行调查，向政府提出赔偿与复原建议，而非实施。因此，我们无法得到足够的国家拨款，为受害者提供比咨询员更为广泛的心理及其他方面的咨询和支持。我们非常感谢进来填补这一空白的非政府组织和宗教团体，但如果这本身即是真相与和解委员会使命的一部分，情况会大为改观。当然，能到委员会作证的不过是受害者中的代表，只有十分之一的人得到了这样的机会。最终，我们的建议还是要靠政府和公民社会通过赔偿和复原计划，来维护受害者的利益。

尽管委员会和大赦专门委员会通常合作得很好，有时也难免遇到问题。起草法案时，国民党担心委员会对旧制度存有偏见，因而任命一位法官担任大赦专门委员会主席，并规定大赦决定不得再由委员会审议。因此，这个专门委员会享有特别的自主权，其决定只有法庭可以审议或推翻。在曼德拉联合足球俱乐部和温妮·曼德拉的听证会期间，我们得知37位非国大领袖获得大赦。他们申请大赦的动机可嘉——他们要表示他们对其干部的行为负集体责任。然而，在《促进民族团结与和解法》中没有在未列举具体罪行的情况下，给予集体大赦的规定，就连我们中间不是律师的人，都对专门委员会的决定颇感不妥。但我们被捆住了手脚。我们要提出反对意见，就只有将自己的专门委员会送上法庭。我们试图通过谈判和非国大达成一致，以避免冗长的官司。国民党知道我们在这一过程中做出的努力，为了抢功，他们先告上了法庭。最后，我们和国民党的申请同时在法庭审理，专门委员会的决定被推翻。国民党毫无原则的行为，令我作呕。他们明知事实并非如此，仍然把我们首先想到的行动鼓吹成自己的胜利。对委员会偏袒非国大的指责从未间断过。我真高兴自己没有政治家那份脑筋。明摆着的原则性，有些人就是可以视而不见。

委员会的成功之一，是旧制度下的许多警察都来到委员会申请大赦，揭露过去的所作所为。我们掌握的大部分真相，都是从罪犯口中得到的。某些人批评说我们公布的真相，不过是在偏向受害者的听证会上得到的不实指控和责难。而罪犯所提供的恰好是对这种批评的有力回击。受害者听证会上的证词，远不及大赦听证会上揭露的暴行那样令人震惊。像乔伊斯·穆提姆库鲁太太这样的母亲可以说她的儿子在监禁之后头发脱落，身体变形，不得不依靠轮椅，后来人干脆消失得无影无踪。她可能会猜测其中有安全部队的参与。知道一切的警察部门可能成功地让法庭阻止她在证词中对他们指名道姓。但是，最终揭露杀害她儿子的凶手的人，不是她，而是那些申请大赦的凶手本身，那些为阻止她作证而故意当庭撒谎的人。谁也没有承认在她儿子被关押期间曾经对他下毒——据医生诊断，这正是造成他下肢残疾和脱发的原因。但是，杀害他的人坦白并揭露了令人作呕的事实细节——他们绑架了斯皮维·穆提姆库鲁，在咖啡中下毒，朝他头部开枪杀害了他，然后焚毁了尸体。焚尸共持续了6小时之久，他们轮流加柴，翻动大腿，以便全部烧成灰烬。然后他们将骨灰撒进了附近的鱼河（Fish River）。他们把这一切告诉了真相与和解委员会。在此之前，他们一直在穆提姆库鲁失踪案的调查中串通作伪供，而且是在宣誓后这样做的。高级警官执法违法，公然提供伪证。在真相与和解委员会的进程中，罪犯必须彻底披露真相方可换取大赦，而在法庭上他则通过撒谎维护自己的清白。

我们幸运地得到许多警官前来申请大赦，但非常悲哀的是军队，即往日的南非国防部队（SADF），却几乎不与委员会合作。这在我们挖掘真相的工作中留下了一大空白。有些重要人物申请大赦，完全是因为与其联合行动的警察提出了申请，逼不得已而为之。

我们的伤口要彻底愈合，和解要彻底有效，就必须了解更多的真相。

## 总体战略

南非国防部队是博塔为对付共产主义的“全面进攻”而制定的“总体战略”的一部分。南非处于国家安全委员会的有效控制之下。该机构名义上隶属内阁，但实际上统治国家的正是控制了政府思维的所谓“安全官僚”。进入80年代时，整个国家几乎处于战备状态。我们经历了人权状况的进一步恶化。从那之后，如果质疑政府的决定，亦即国家安全委员会的决定，就是不爱国。一切都成了当权者规定的国家安全的附属品。南非白人觉得有个外部的坏世界要来侵犯他们，毁掉他们享有的“南非生活方式”。这个敌对世界想要推翻基督教政府，代之以不信上帝的、没有民主的统治。种族隔离政府的宣传机器不失时机地指出，我们北边接受了这种制度的非洲国家都遭受了灾难，实际上，它声言这些国家之所以停顿不前，就是因为被不可靠的、不中用的黑人接管了。

当时，美国、苏联两个超级大国正在进行冷战。他们用尽各种伎俩，特别是利用在不同战区的代理国，显示威力，建立霸权。这一时期，任何政府只要声称自己反共，无论其人权记录多么糟糕，都会得到美国的大力支持。因此，种族隔离政府大大得益于里根总统臭名昭著的“建设性接触”政策。美国对反种族隔离的情绪只是开些空头支票，他们声称与种族隔离当局这样无法无天的政府保持关系，比孤立和排斥它，可以更好地施加影响，使其弃恶从善。

我曾徒劳地试图说服里根总统和英国的撒切尔首相，通过经济制裁，以和平方式带来南非的变革。1984年我获得诺贝尔和平奖后不久，在白宫会见了里根总统及其内阁，但仍没有取得结果。我向他展示我的南非护照时，他感到有些吃惊，因为我不能得到正常的南非护照。真正让他感到吃惊的，是护照上对我的国籍的记录："目前无法确定。"我和撒切尔夫人一起饮茶，在唐宁街10号一起度过了近一个小时。她光彩照人，我觉得她的确非常有魅力，与她不能容忍任何软弱的铁娘子形象形成鲜明对比。但是，我没能说服她相信制裁的重要。正如她在讲到另一件事时所说，本女士不是让人耍的。幸而，两国人民最终还是听取了我们的呼吁，实行了一定程度的制裁，特别是美国的制裁。这大大加快了种族隔离制度的灭亡。但直到那时，这两位西方主要领袖都坚决反对制裁。

里根政府资助了尼加拉瓜的反政府游击队，颠覆桑地诺解放运动。他们支持菲律宾马科斯总统的高压政府，同时还在安哥拉的内战中，支持若纳斯·萨文比的争取安哥拉彻底独立全国联盟，反对当时亲马克思主义的安哥拉人民解放运动。南非紧随其后，支持安盟，因为南非也在打击纳米比亚的解放运动西南非洲人民组织，安哥拉人民解放运动为西南非洲人民组织在安哥拉提供了基地。

南非实行了所谓热线追踪，军队袭击了设在所谓前线国家的所谓恐怖主义基地和营地，前线国家包括博茨瓦纳、莱索托、斯威士兰、莫桑比克、安哥拉、赞比亚、坦桑尼亚和津巴布韦。他们这样做，严重违反了这些国家的领土完整，目的是要迫使他们停止给流亡者和南非的解放运动提供庇护所。为加强军事打击，南非还实行了颠覆政策，支持这些国家的反对派，培养走狗。它在莫桑比克支持阿丰索·德拉卡马的全国抵抗运动，对执政的解放阵线党进行残酷的战争。全国抵抗运动对自己的莫桑比克同胞犯下了滔天罪行——他们实施割耳、削鼻、切嘴唇或是其他肢解刑罚；绑架整村的人，包括儿童、妇女，并经常奸淫妇女；强迫男童参军等。莫桑比克和安哥拉被内战搞得满目疮痍，南非的颠覆政策无疑在其中起了一定作用。

在 1989 年 10 月发布的题为《种族隔离恐怖主义》的报告[1]中，南非国防部队从 1980 年到 1988 年进行的颠覆活动共造成：

- 150 万人死亡；
- 400 万难民；
- 600 亿美元的经济损失；
- 10 万头大象和犀牛死亡，象牙和牛角被用来“补偿”南非为莫桑比克全国抵抗运动和安盟所提供的武器。

安哥拉和莫桑比克仍在付出惨重代价，其大部分耕地无法耕种，因为地里仍然埋着地雷。1999 年 5 月，若阿金 · 希萨诺总统在首都马普托的一次会议上说，莫桑比克需要 60 年才能清除干净剩余的 200 万颗地雷。1993 年以来，在耗资高达 160 万美元后，有 6 万颗地雷被宣布是安全的。南非国防部队对这一灾难、对安哥拉仍然战火不停的内战，负有不可推卸的责任。

真相与和解委员会发现南非国防部队对多起严重违反人权案负有责任。在 1978 年南非国防部队进行的一次袭击中，600 个纳米比亚人在安哥拉的卡辛格营地被杀。西南非洲人民组织称卡辛格是个难民营，但南非国防部队坚持说那是个军营，因而理所当然可以成为军事打击目标。在我们的《报告》中，我们认为袭击造成营地许

1 《种族隔离恐怖主义：颠覆报告》(*Apartheid Terrorism : The Destabilisation Report*)，菲利斯 · 约翰森和大卫 · 马丁合著，英联邦秘书处、詹姆斯 · 卡利出版社及印第安纳大学出版社联合出版。

多平民伤亡，是对人权的严重违反。

委员会本希望有更多的南非国防部队的人出来作证，并得到更多的合作，以便揭开屠杀政策之谜及其导致的后果。我们了解的一点，是从 80 年代中期起，这一政策导致了南非决策的日益军事化。

任何军队的目的，都是要歼灭敌人，扫除敌方军备。它的存在是为了摧毁和消灭敌人。随着 80 年代反种族隔离运动的加剧，军队的矛头日益对内。于是，嫌疑犯和罪犯不再被抓起来，而是被消灭掉。这样的事就发生在了南非学生大会的 4 个人身上，宾波·马迪凯拉、恩辛克·马塔巴尼和范亚娜·恩拉坡 3 个少年被杀，赞迪斯勒·姆斯受伤。1982 年 2 月，安全警察引诱他们来到约翰内斯堡以西克鲁格思道谱的一个废弃矿井。申请大赦的警官包括威伦·斯库恩、亚伯拉罕·格罗贝拉、扬·克埃兹和克里斯蒂安·罗利奇。他们告诉委员会，一个保安说学生们想得到武器并训练，然后杀死准尉警官姆克斯。克埃兹认为，与其逮捕这些激进分子，不如杀了他们。现场布置得好像这些少年把自己炸成了碎片。大赦听证会上，我们问申请人是否知道这些少年的年龄，他们是不是恐怖分子，警方是否还考虑了其他杀害方式。罪犯们由一个高级警官指挥，是一个准将下的命令。之所以作出这样的决定，显然是因为依法处理嫌疑犯非常困难：逮捕嫌疑犯，并在法庭上提供不可置疑的证据，证明其参与、策划或计划颠覆活动，谈何容易。不，那样做太费时间，与其逮捕不如杀了。

国家安全委员会在 80 年代的会议纪要中，充满了“压制”、“消灭”之类的字眼，而种族隔离政府的领导人却想让我们相信，这些其实没什么大不了的，意思不过就是拘留或者禁止而已。执行命令的人却几乎始终将其理解为杀死、谋害或暗杀。

在我们的《报告》中，我们列举了一些安全委员会文件和政治家在公开场合或议会演说中使用的词汇（阿非利卡语的英语译文引自《报告》）：

- “elimineer vyandelike leiers”（“消灭敌人领袖”）
- “neutraliseer”（“压制”）
- “通过正式和非正式的治安手段压制造成威胁的人”
- “毁灭恐怖分子”
- “fisiese vernietiging—mense, fasiliteite, fondse, ens.”（“形体上的毁灭——人，设施、基金，等等”）
- “uithaal”（“拔掉”）
- “uitwis”（“扫除”）
- “verwyder”（“除掉／让……失踪”）
- “maak'n plan”（“制订计划”）
- “metodes ander as aanhouding”（“除拘留以外的其他方式”）
- “onkonvensionele metodes”（“非常规方式”）

在公开场合，种族隔离政府使用的就是下述这类语言：

> 安全部队将狠狠打击他们［非国大］，在哪里发现就在哪里打击。我说的话就是政府的政策。我们不会坐等他们跨过我们的边界。我们将不断地侦察。我们将确定目标，把这些恐怖分子、他们的同道和帮凶碾碎。[1]

1 国防部长马兰将军 1986 年 2 月 4 日在议会上的讲话。

警察和士兵就是以此为依据理解接到的命令的。某些政界、军界和警方的领导人面对自己的尴尬处境时，承认有些词句的确“含糊其辞”，但又申辩说他们没有让其下属去违法。任何人都会忍不住反驳：“好了，住口吧！”如果他们只想授权监禁、逮捕、禁令或驱逐，那为什么不发出明确无误的命令呢？

约翰·范·德梅尔维将军曾是德克勒克手下的警察头目、国家安全委员会成员和安全警察司令。他因一系列谋杀案申请大赦。他的话更直截了当一些。我们的《报告》中引述了他在武装部队听证会上陈述的证据：

> 所有［交给安全部队的］授权，都是为了防止非国大/南非共产党达到其革命目标，而且我们常常需要在前政府的同意下越出法律的界线。这就不可避免地造成了南非警察，特别是安全部队的行为中有违法的成分。

而且：

> 如果你跟一个士兵说“消灭敌人”，视情况而定，他很可能理解为杀死。话可能不止一个意思，但具体来说也只有一个意思。

在他作证时，委员会曾给他施加压力：

> 委员会：我问你，你同不同意使用诸如“vernietig”、

“uitroei”、“uit te wis”、“elimineer”［“毁掉”、“铲除”、“扫除”、“消灭”］等字眼，会导致死亡？你同不同意呢？

**德梅尔维将军：**是的，主席先生。

我们越是逼近那些执行命令的人，得到的答案就越直接。警察安全部门负责情报的头目阿尔夫·乌斯图赞告诉我们：

“拔掉”、“消灭”这些词从来都是明白无误的，意思就是这个人必须杀掉。

有些前内阁成员向我们提出，对下令进行谋杀和破坏负有责任的，应该是博塔周围的一小撮人。但是，在 1990 年德克勒克先生开始谈判后首先为种族隔离表示道歉的国民党高级官员雷昂·维塞尔斯先生，则认为这不能成为借口：“我进一步认为，我不能利用‘我们原来不知道’这样的政治辩解，因为我相信在很多方面我们是不想知道。”

这些陈述表明，要想坚持说种族隔离政府从未准许暗杀反对派这一立场，是几乎站不住脚的。我们在《报告》中也指出，有证据显示，自 1978 年博塔首先作为总理然后作为总统掌权后，国家就开始使用非法手段对付反对派。这种罪恶行径从他又延续到其继任者德克勒克。国家开始犯罪，因而很难再被认为是合法政权。据前内阁部长弗洛克先生说，是博塔下令在 1988 年 8 月炸毁南非教会理事会总部科特索大厦的。

委员会认为，国家安全委员会未预见到采用日益军事化的战略可能造成的后果，非常令人遗憾。我们发现，他们根本没有采取任何措施区分参与军事行动的人和以和平方式反对种族隔离的人。“恐怖分子”一词使用范围甚广，没有确切的定义。所有反对派都被视为理应消灭的对象。

我们发现安全委员会的文件是“装聋作哑、推诿责任”的极好范例——政治家们故意将其指令巧妙措辞，使他们这些安全部队暴行背后的始作俑者，可以将责任推到下属身上。

## 说出道歉

1996 年末的大赦听证会上，有证据揭露出是博塔亲自下令炸毁科特索大厦的。我们的副主席埃里克斯·伯莱恩，尽管被诬蔑为反阿非利卡和对国民党有失公正，却建议我到开普南海岸的乔治城，拜访退休在家的前总统。

这些年我曾几次与博塔先生见面。第一次是在 1980 年，我作为南非教会理事会的秘书长率教会领袖代表团，到比勒陀利亚的联邦大厦与他及其内阁见面。同事中有些人批评我们和非法政权的头目打交道。但是，我认为摩西尽管知道法老铁石心肠，却还是接近他。当时和解并不吃香，但我坚定地投身其中，和现在毫无二致。会见中，我向博塔先生提出了几条建议，如果当时被他采纳，就会为我国的和平谈判打下基础。会谈气氛亲切，但我们力图开始对话的努力终告失败，因为我们一口回绝了他让我们到纳米比亚—安哥拉边境的南非国防部队“作战区”进行宣传的要求。后来我们得知，在他会见我们的时候，其政府却试图从背后颠覆我们。他们利用政府秘密资金，支持南非基督教联盟这一右翼私人机构，反对南非教会理事会。

1986 年我和南非教会理事会的同仁获得了诺贝尔和平奖，我当选开普敦主教。我再次试图说服博塔先生，希望能够奇迹般地说服他改变立场，为和平解决创造机会。这一次是单独会见，气氛依旧亲切，但我没有得到任何妥协。尽管会见后他在记者面前和我热情地握手，但照片中的我脸上却带着不自在的表情。

和博塔先生的第三次也是最艰难的会面是在 1988 年。我请求他免去 6 个人的死刑，他们被控在 1960 年曾发生过大屠杀的沙佩维尔杀死了一个被怀疑为政府奸细的人。会见的前半部分是友好的，我们两人冷静地讨论了他是否应该动用总统特权。法庭在那个星期内停止了处决，并给这几个人减了刑。接着，他掉转话题，开始指责我和其他教会领袖为反对对几个政治组织进行的限制而领导的到议会的非法游行。他递给我一封有关此事的信，而信的内容已经提供给议会成员和媒体。我对此提出了抗议。然后，他又攻击说我在一个葬礼上举着共产党的旗子，我让他拿出证据，因为我知道他说的不是实情。我坐在他开普敦的办公室里，暗自思忖着我是洗耳恭听呢还是据理力争。他可是一个能把自己的内阁部长都逼哭的人。我心想：这些家伙让我们的人民受苦，如果非破釜沉舟不可，那就这样吧。他不能这样威吓我。我对他说我不是小孩子，他没有权利对我这样说话。我是他的客人，他应该以礼相待。可惜我们最后竟真的像孩子一样相互指责。会见结束时，我说我对他的话持严重的保留态度，他则还嘴说：“那就带着你的保留，走吧！”我走了出去，会见不欢而散。不久，教会开展了我们称为“坚持真理运动”的非暴力不合作运动，那年晚些时候，科特索大厦遭炸弹爆炸。

1988 年后，博塔先生患中风，被德克勒克领导的内阁成员赶下台，一直退休在家。年届八十的他现在已完全退出公共生活。他最后一次在新闻中露面是曼德拉总统拜访他的时候。他当时告诉记者，自己不愿与真相与和解委员会有任何瓜葛。

伯莱恩博士建议我看望博塔先生，是为鼓励他与我们合作再做一次努力，因为他主政南非时，正值种族隔离压迫最深、“总体战略”达到巅峰的时期。他还曾多次主持国家安全委员会的会议。我本没有必要去看博塔先生，委员会可以向任何人发出传票，并有权搜查和没收。但我还是同意前往，希望以此告诉阿非利卡人我们并非一心想侮辱他们，也不是要把他们追杀到底。我飞到乔治城，在他女儿的家里和他亲切见面。他的女儿是个殷勤的主人，为我们端上茶水和阿非利卡点心，整个气氛与我们会面涉及的可怕问题大相径庭。博塔先生在向我递上一份书面材料后，同意与委员会合作，书面回答我们向他提出的问题。他指出需要经验丰富的律师协助工作，并需要查阅政府文件。他问我是否可以利用我对曼德拉总统的影响力，为庞大的律师费用和使用必要的政府文件取得资金支持。

回到开普敦，我立刻就这两个问题去见曼德拉总统，并立即得到他的同意。我们想方设法迁就博塔先生，一再延迟他递交材料的最后期限。在此期间，他的夫人去世了。我认为，向博塔先生及其支持者表明我与他并无个人恩怨，极其重要。于是，我再次飞到乔治城，参加了他夫人的葬礼。我知道许多黑人对我这样做轻则觉得奇怪，重则感到气愤。的确，事后一个黑人记者找到我，让我务必向听众解释我为什么在场。

博塔先生花了将近10个月的时间才回答完我们提出的问题。与此同时，国家安全委员会的会议记录中不断揭示出新内容，于是我们决定请包括博塔先生在内的一系列前军政要人举行听证会。书面答复在一定程度上可以接受，但这不同于面对面的问答，一个回答可能引出更多的问题。我们被告知博塔先生身体欠佳，于是同意推迟他的出席。我们甚至建议在乔治城举行听证，以免他飞往开普敦旅途劳顿（尽管他与一位较为年轻的女士订了婚，飞去看她的行程不亚于飞往开普敦）。这对委员会来讲，不仅费用更高，而且更不方便，因为我们不得不把翻译设备带到乔治城。委员会和他的律师进行了冗长的谈判后，他宣布委员会是场“闹剧”，拒绝出席听证。我们发出了传票，但他应该到场的那天，他却派律师带着书面答复来了。

西开普的首席检察官决定以拒绝传票罪传讯博塔先生。即便如此，我们也没有放弃努力。他的案子在乔治城的地方法院开庭后，我们继续谈判，希望达成妥协，争取他到委员会作证。我们提出在附近的饭店进行听证，并可事先将问题提供给他。我们还说他的医生可以在场，必要时我们可以暂停听证，等他身体状况恢复为止。这样的听证用不了一天就能完成。我们的律师和博塔先生的律师之间进行了好一番讨价还价。我们已经尽量迁就，但最后他还是拒绝了我们的建议，于是法庭审理继续进行。只有邪恶之徒才会说我们是在纠缠一个疾病缠身的老人。许多黑人认为我们过分迁就，实行双重标准，对曼德拉夫人是一个样，对许多人认为给他们造成巨大创伤和痛苦的人却百般呵护。

过去，博塔先生以他的冷酷和暴躁而畅行无阻。谁也不想和他针锋相对。他以为这些规则仍然适用，但时代已经变了。他可以在关起门来的情况下，在舒适的饭店里接受调查，回答事先已经得到的问题。他选择了继续做个顽固不化的老头，但却因此大吃一惊。他不能凌驾于法律之上。他做梦都没想到的事发生了。他这个曾让内阁部长们胆寒的前国家总统，被送上被告席，接受一个黑人法官的审判。这在道义上也说得过去。公诉方传了几个证人，其中包括警察死亡小组总部的前头目德考克上校。德考克毫不掩饰他对政治领袖的蔑视：“我自己和安全部队的其他人……被胆小的政治家特别是国民党里的人出卖了。”他对法庭说，“他们想得到羊羔，但却不想看到流血和屠杀；他们是胆小鬼。”所有这些都被媒体大加报道。

人们担心，博塔先生可能成为右翼分子骚乱和暴力的焦点，但这种情况没有发生。参加庭审的只有他的一些家人。审判加上延迟，共持续了两周时间。如果他接受我们的建议，问题一天就能解决。

我也被传出庭作证，因为他称我曾向他保证不会让他到委员会作证。在他的律师对我进行了两天交叉讯问后，我觉得走下证人席之前，我必须最后一次向他呼吁。我向法庭请求：

> 阁下，我可不可以就说一件事？我认为我们还有机会——尽管这是法庭，而且我也不想表示被告有罪。我在此代表由于各届政府——包括他曾领导的政府——所执行的政策而遭受巨大痛苦的人们。我想向他呼吁。我呼吁他利用法庭提供的机会，说他自己本不想造成人们的痛苦，本不会下令或授权……我只是说他所领导的政府给人们造成了极大的痛苦，引起了极大的愤怒。我们的人民希望成为这个国家与和解的一部分。希望博塔先生能够说出“对不起，本政府的政策给你们带来了痛苦”，就说这些。他能不能让自己说出“我很抱歉，本政府的政策给你们带来了巨大痛苦”呢？这样做意义重大，我呼吁你这样做。谢谢。

博塔先生对我的呼吁却只是大发雷霆。他被指控有罪，法官判他缓期监禁和罚款，但由于小小的技术问题，监禁被取消了。（我们过于迁就他，发出传票的时间过迟。发传票的那天，我们的授权到期，而曼德拉总统还没有签署新的授权。）政治上、道义上，他都付出了代价，他不得不面对其政策的受害者和执行者，政治上遭到孤立。法庭上，他是那么可悲，我都替他感到遗憾。他的顽固正是一些人希望看到的——旧制度的领导人得到了应得的报应，但这违背了委员会的意愿。

对德克勒克先生于 1990 年 2 月 2 日在议会宣布的富有勇气并具划时代意义的决定，我已经进行过热烈的赞扬。任何事情都无法抹杀这一重要里程碑。我们本来很可能卷入流血冲突的。如果当时他能够毫无保留地为种族隔离表示歉意，就的确达到了伟大的层次，会作为杰出的政治家记录在南非的史册上。令人悲哀的是，在 1990 年至 1993 年的新宪法谈判中，他可能被在 1992 年只有白人参加的大选中赢得的对其政策的支持冲昏了头脑，认为可以通过削弱其主要谈判对手曼德拉而继续掌权。当时，曼德拉已越来越成为他的强劲对手；所谓“黑对黑”的暴力在升级，并发生了多次屠杀事件。他可以声称安全部队并没有煽动暴力，即便煽动了也是个别“坏蛋”的责任，是个别现象。对此我恐怕难以相信。我无法相信，80 年代至少有一个内阁部长和两个警察局局长参与的人权暴力事件不过是个别人物的失常之举。

我对德克勒克先生并无敌意。在宣布 1993 年和平奖得主前夕，挪威诺贝尔委员会打电话给我，征求我对给德克勒克先生和曼德拉先生共同颁奖的意见。我对此表示热烈支持。如果我表示反对意见，委员会应该会重新考虑其意图，否则咨询我的意见就毫无意义了。如果我当时知道现在了解的一切，我一定会坚决反对。实际上，1996 年到委员会作证时，德克勒克先生为种族隔离表示了深深的歉意，但又摆出种种借口，使其歉意失去了意义。如果他能像其前内阁同事、外交部长“皮克”·博塔或雷昂·维塞尔斯那样真诚而坦率地道歉，该是一个多么伟大的人啊。他无法看清种族隔离丑恶的本来面目。他是个出色的律师，字斟句酌地护卫着自己的立场，但这只能削弱他的形象，使他成了一个没有宽广胸怀的矮小之人。我希望他能够意识到，他在 1998 年宣布的成立和解机构的想法，只能给他所执行的政策的受害者伤口上撒盐。

## 但是为了上帝的慈悲……

在委员会的机构听证中，可以感到对人们产生影响的各种力量的强大。那么多的白人能够过着正常的生活，享受自由和特权，我们对此不应感到震惊。让我们吃惊的，不是许多白人最终接受了沿袭已久的种族主义价值观和态度，并没有真正思考过种族主义政策对其同胞的影响。真正令人惊叹的，是那些——我始终认为是为数众多的——没有屈从于渗透到生活中每一个方面的邪恶风气的人们。这些不平凡的人们不仅抵制住了种族主义主流文化的诱惑，而且希望结束这一制度。如果考虑到种族隔离一方集结的各种强大力量，那么善于塑造白人的态度、思维方式和世界观，他们能做到这些就更不一般。我们看到过种族主义的意识形态实际控制了每一个机构和生活的方方面面。一切都在教白人以特定的方式思维和行动。我们甚至可以说，他们被程序化了。

70 年代初我第一次去尼日利亚时，感到自己也被程序化了。驾驶我乘坐的飞机的，是尼日利亚飞行员。南非没有黑人做这个工作，因此我为黑人的成就倍感自豪。飞机顺利起飞，但接着就遇到了气流干扰。我们一会儿飞行在这个高度，一会儿又跌落下去。飞机颠簸着向下掉。我被自己的发现所震惊了，我发现我在暗自对自己说：“我真希望驾驶舱里有个白人。这些黑人能让我们顺利过关吗？”这完全是无意识和自发的。我根本无法相信我也被这么彻底地洗了脑。我会矢口否认，因为我为自己呼吁黑人的觉醒而颇感自豪，但在危机中，更深层的东西显现了出来：我接受了白人的定义，认为白人比黑人更优越、更称职。当然，这些黑人飞行员让飞机顺利地着了陆。

我们不能低估条件反射的力量。这也是为什么我认为对违反人权的罪犯，我们应该多一点宽容和理解。这并不意味着我们要纵容他们及南非白人实施或允许实施的行为。但如果我们更多地意识到我们和他们一样容易受到影响的话，我们的判决或许会多些爱心。这可以使我们的判决少一点武断和鲁莽，为一些人敞开大门，让他们宽容自己的软弱和怯懦。这或许可以让他们更情愿承认自己的脆弱，因而更容易承担责任。这也可能让我们在判决的时候对自己说：“为了上帝的慈悲，让我前行。”

换言之，希望是有的。之所以有希望，是因为罪犯——以及得益于种族隔离的人——被认识到他们也是人，就算并不坚定，但只要走出自我开脱或拒不认错的模式，说一声“对不起，请宽恕我”，就可以弃恶从善。

经历了委员会的艰苦工作后，我深深地感到——真的是一个异常振奋的认识：尽管邪恶遍地，我们人类还是有向善的非凡能力。我们可以非常善良。正是这一点让我即使在最艰难的情况下，也满怀希望。

# 第十一章　没有宽恕，真的没有未来

1994 年卢旺达发生种族屠杀，近 50 万人丧生。一年后，我访问了这块满目疮痍的土地。我是作为全非教会大会主席前往的。在为期 10 年的两届任期中，我努力通过教事访问，把全非大会带到成员教会去，特别是那些经历着这样那样危机的国家。我和大会的其他负责人访问过内战中的尼日利亚、利比里亚、安哥拉及其他国家。我们也去庆祝胜利，比如庆祝埃塞俄比亚以民主代替了压迫和非正义。但我们通常是去处在苦难中的国家，对基督教徒表示声援。大会的领导层去了卢旺达。

我们访问了首都基加利附近的一个村子恩塔拉马，图西族人在这里的一个教堂被扫射枪杀。新政府没有清理尸体，因此教堂就像个墓地，尸体仍保持着一年前屠杀时的样子，恶臭扑鼻。教堂外堆着被凶残杀害的人的头骨，有的上面还扎着弯刀和匕首。我想祈祷，却忍不住哭泣起来。

此情此景令人深感不安，它像一块石碑，记录着我们人类对自己的同胞可以达到何等的凶恶程度。这些兵戎相见的人们常常是曾住在同一个村庄、说同一种语言和睦相处的人。他们相互通婚，而且信奉同一种宗教，大部分是基督教徒。殖民主子希望通过偏向图西族，打击胡图族，维持其欧洲人霸权，为最终酿成非洲当代史上最为血腥的屠杀播下了种子。（另一个部族叫特瓦族，人数少得多。）这场屠杀没有把人类一切罪孽都归咎于种族主义，因为尽管是白人煽动的种族内乱，真正的屠杀却是黑人杀害黑人。

在离教堂几公里的地方，一些妇女在修建住所，她们把它叫做曼德拉村。这将成为种族屠杀后一些寡妇和孤儿的家。我和开展这个项目的妇女运动领导人进行了交谈。她们说："我们必须悼念死者，为他们哭泣。但生活还得继续，我们不能永远哭泣。"多么令人赞叹，多么不可摧折！在恩塔拉马，我们可以说看到了死亡和十字架。在曼德拉村，则有复活、新生活、新开端和新的希望。妇女再一次表现出了她们的坚韧和滋养生活的本能。

我还参观了拥挤的基加利监狱，里面塞满被怀疑参与屠杀的人。他们几乎都是胡图族人，有妇女、男人甚至孩子，男女老幼、三教九流无所不包，其中还有教士、修女、教师和律师。有些人因窒息而死。我对巴斯德·比齐蒙古总统说，那个监狱随时可能发生灾难，它只能增加人们的痛苦记忆，加深胡图族人对图西族人的仇视。

访问期间，我还参加了在基加利大体育场举行的集会。人们在经历了如此深重的创伤之后，还能这样唱歌、跳舞、欢笑，真是令人惊叹。包括总统在内的大部分政界人物都到会了。我应邀布道。我首先表达了非洲其他地区兄弟姐妹的哀思，因为人们都为这里的屠杀和破坏大为震惊。（现在看来，如果国际社会听取了当时发出的各种警告，或许联合国能够调集足够的资源进行干预，种族屠杀很可能不会发生。卢旺达人对联合国颇为愤怒，受害者和幸存者都对这种情况带来的灾难性后果深感失望。）我说，卢旺达的历史是典型的人上人和人下人的历史。人上人紧紧抓住其既得特权不放，人下人则竭力要把他们推翻。得手后，新的人上人便开始反攻倒算，让新的人下人为他们高高在上时造成的所有痛苦付出代价。新的人下人像愤怒的公牛一样进行还击，试图推翻新的人上人，全然忘记了新的人上人认为自己是在为现在的人下人在位时所造成的痛苦而报仇雪恨。这是复仇与反复仇的悲惨历史。我提醒图西族人，他们等了 30 年才讨还了他们认为强加在自己身上的不公正。我说，胡图族人中的极端分子也完全可以等上 30 年甚至更长时间，推翻新政府，大肆反攻复仇。

我说有人在议论建立法庭，因为人们不愿看到罪犯逃脱惩罚。但是，我担心如果他们真想得到的是一报还一报的正义，那么卢旺达已经尝到了它的滋味。无论如何，大部分胡图族人都无法相信法庭判定他们有罪是因为有确凿的证据，也不会相信世界上任何法庭面对同样的证据都会判定他们有罪。他们大部分人都会认为，他们被判有罪不是因为他们的确有罪，而是因为他们是胡图族人。他们会等待报复的那一天。到时候，他们会让图西族人为恶劣的监狱条件付出代价。我告诉他们，必须打破贯穿其历史的报复与反报复的怪圈。要做到这一点，就必须放弃报复性的正义，实行复元性的正义，升华到宽恕，因为没有宽恕，就没有未来。

卢旺达总统对我的弥撒表示了极为宽容的态度。他说，他们愿意宽恕，但就连基督都说，魔鬼不可宽恕。我不知道他在何处为自己的话找到的根据，但他的一个观点还是得到了一些共鸣，即有些恶行是不可宽恕的。我自己的观点与此不同，但听众对我非常公平友好。后来，我对议会和政界领袖发表了讲话，他们没有因为我反复呼吁实行宽恕与和解、放弃相反的做法而把我轰下台来。

为什么没人反驳我？这些创伤深重的人们为什么会听进这样的逆耳之言呢？他们之所以听我讲，是因为南非发生的事值得他们三思。这难道不是解决冲突的一种可行方式吗？过去刀兵相向的人不能努力和睦相处吗？全世界都认为南非会被血洗，但这种情况没有发生。接着，全世界又认为民主选举的新政府上台后，那些长期被剥夺了权利、人格尊严被无情地踏在脚下的人们，一定会反攻倒算，进行无情的报复，让他们的祖国再次遭受蹂躏。但是相反，我们成立了无与伦比的委员会，人们讲述其伤心欲绝的故事，受害者表达了宽恕的意愿，而罪犯在坦白了确凿的恶行后也请求得到他们所伤害的人的宽恕。

整个世界无法相信自己的所见所闻。1999 年 4 月，联邦德国前总统里夏德 · 冯 · 魏茨泽克在听说了我国的情况后，在柏林的一次研讨会上说："未来有了新的希望。"南非人非同寻常地实现了从深重的压迫到相对平稳的民主的和平过渡。他们以自己处理既往的崭新方式，让世界耳目一新。可能一开始他们对自己能在重新回顾过去的可怕情景时表现得那样镇定也感到震惊。这一现象整个世界不能不重视。正是这一点，使我能够在卢旺达的兄弟姐妹面前讲在其他条件下可能被认为是无情和无理的一番话。

世界其他一些地方也在努力正视和理清其冲突与纷争的历史。我在访问这些地方时，也有同样的感受。1998 年，我访问了都柏林和贝尔法斯特。两地的人们都非常欣喜地听到，我们南非的经验表明没有任何情况是完全令人绝望的。大部分人都会说我们面对的问题无可救药。我说："我们的确经历了一场可怕的噩梦，但噩梦结束了。"爱尔兰人已经走上结束噩梦的路，不是已经有了《耶稣受难节协议书》（*Good Friday Agreement*）吗？我说，他们不应该为实施这一关键协议道路上的障碍而灰心丧气。我们的经验是，常常哪里有突破，和平的敌人就会在哪里加倍进行破坏。我说，爱尔兰人应该加倍努力，提高警惕，不要与结束其“麻烦”这样一个近在眼前的珍贵礼物失之交臂。

我告诉他们，在南非，我们常常有坐过山车的感觉。有时我们为新的关键性倡议的出现而欢欣鼓舞，和平与正义似乎近在咫尺。当我们以为只剩最后的一圈时，可怕的事情就会发生——屠杀、僵局、局势处于崩溃的边缘、某个代表威胁退出等，我们会跌到绝望和丧气的谷底。我告诉他们这是正常的。最终的报偿是惊人的，他们不应该放弃建立新爱尔兰的梦想。那时他们会惊讶地发现他们竟蒙昧了那么长时间，会意识到善良、和平与宽容是那么美好而且那么简单，而他们却浪费了多少时光和生命。我提醒他们，我们本来也觉得达到现在的地步不可思议。我们的梦魇结束了，他们的也必将很快结束，如同昼夜相随一般。

他们听了这番话，如同听到圣贤的哲言。我的话之所以可信，是因为我们实现了相对和平的过渡，找到了处理遗留问题的新途径。我敦促他们不要为在解除武装问题上遇到的僵局而绝望，希望我的话对他们有所助益。在贝尔法斯特，那么多乐于奉献的人给我留下了深刻的印象，他们在被斗争撕裂的社区不停地工作，在彼此疏离的受伤的人们之间搭建桥梁，担当着和平与和解的非凡的代言人。我对他们说，任何事情都不是徒劳的，他们的努力即使失败了，也没有烟消云散。不，他们可能想不到，他们的工作已经渗入了周围的环境。我们知道的确如此。别人无需告诉我们，我们就知道家是美好的，因为我们能感受家的共鸣，这是刻骨铭心的东西。我们知道何时教堂里散发着智慧、神圣的芳菲，知道何时这里回荡着祈祷声。我们几乎能够嗅到神圣的气息，感受到前人的力量和虔诚。一个祈祷声不断的教堂与充满音乐会堂氛围的教堂，有着本质的区别。因此，我告诉那些为和平与和解努力的人们，不要为看不到进展而放弃他们至关重要的工作。根据我们的经验，没有什么是徒劳的，时机成熟，一切都会结合在一起。回首过去，人们会意识到自己作出了多么重要的贡献。他们就是亘古存在的走向统一与和解的宇宙运动的一部分。

让我们生活在友谊与和睦中，一直是上帝的意志。这正是伊甸园这个故事的要旨，那里没有流血，甚至没有出于供奉宗教的流血。雄狮和羔羊一起嬉戏，所有人都是素食者。后来上帝希望所有所造之物能够享受的和谐被彻底动摇和打破，影响到所有上帝的造物。人类成了一群榆木脑袋，相互指责，兵戎相向。他们和造物主被离间。现在他们竭力躲避曾一起漫步伊甸园的上帝。所造之物现在张开了“血盆大口”，友谊被敌对代替。人类在被蛇咬到脚跟之前，会把它碾得粉碎。这个故事正是通过《圣经》极富想象力的诗一般的语言，讲述了生存的真理。

那些不能升华到诗人境界的凡夫俗子，会对这样富有想象力的叙述不屑一顾。然而，即使我们怀疑是否真的存在伊甸园那样的神秘和谐，除非迟钝，否则不会有人怀疑我们的确在亲历所有存在的根本破裂。时间脱了节，生活中充满分歧、不和谐、冲突、动荡、敌意和仇恨。我们的世纪是人类历史上最为血腥的世纪。如果大自然没有被糟蹋和滥用，就无须有生态保护运动。水土流失侵蚀了原本肥沃的良田，土地现在只能长出荆棘。河流、大气被盲目地污染，我们为臭氧层损耗和温室效应可能带来的灾难而忧心忡忡。

我们在自己的世界里还不太自在，到处都弥漫着对失去的乐园的怀恋情绪。

信奉者说我们可以把人类的大部分历史，形容为对和谐、友谊与和平的追求史，而我们人类似乎就是为此而生的。《圣经》把这一切描述为上帝领导的恢复原始和谐之战，他希望雄狮再次与羔羊同眠，他们不再习武练兵，因为刀剑被铸成了铧犁，长矛被弯成了吊钩。在我们的内心深处，我们知道我们可以成就更好的东西。我们不时可以看到我们本来应该具备的好的一面展现出来，例如自然灾害发生时，我们会同心协力进行抗争，整个世界都包融在巨大的同情和慷慨之中，一时间被我们关怀的人性、一种普遍的乌班图精神绑在了一起。这好的一面还体现在得胜的国家制订马歇尔计划，帮助过去的敌国进行重建的时候；体现在我们建立联合国组织，让全世界的人可以会聚一堂避免战争的时候；体现在我们签署保护妇女儿童权利宪章的时候；体现在我们禁止杀伤性地雷的时候；体现在我们一致禁绝酷刑和种族主义的时候。在这样的时候，我们就能体会到，我们被创造出来是为了共存，为了友谊、集体和家庭，我们原本应该生活在相互依存的微妙网络中的。

在事物的核心，存在着一种不易察觉的运动，逆转着离间、破裂、分歧、敌意和不和谐的可怕离心力。上帝启动了向心的进程，开始了向着中心，向着同一、和谐、善良、和平与正义，能够扫除一切障碍的运动过程。耶稣说："我若从地上被举起来，就要吸引万人来归我。"[1] 他被钉在十字架上，双臂伸展，仿佛要拥抱一切，将所有的人、所有的物都拥进他无所不包的怀抱，让万众万物都有所归

1 《约翰福音》12：32。

依。没有局外人，一切都在内中，都相互归属。不存在什么外人，每个人都是一个家庭、上帝的家庭、人类的家庭的成员。没有什么犹太人或是希腊人、男人或是女人、奴隶或是自由人——没有分裂与隔离，所有的区别构成了一个统一体的丰富多样性。我们有区别，因而我们才能懂得我们彼此需要，因为没有一个人可以绝对自给自足。一个完全自给自足的人，不是一个完整的人。

上帝的意志是要把天上、人间的万物，结合在基督的整体中，而我们每一个人都参与了这一伟大运动。因此古生物学家德日进[1]在其著作《神界》(*Le Milieu Divin*)中说：

> 我们有时不禁认为，在创造世界的历史中，同样的东西总是一再重复。这是因为相对我们每个短暂的生命而言，季节过于漫长；相对我们有限而肤浅的认识来说，变迁过于巨大和深刻，以致我们无法看到所有物质和精神的不懈进步。让我们相信启示，它又一次在我们凡人的不祥预兆中，忠实地支持着我们。在一切平凡的表象之下，在我们有功无功的忙碌之中，一个崭新的地球正在形成。
>
> 一天，福音书告诉我们，人类和上帝之间的紧张关系，将达到这个世界规定的极限。……在万物中悄悄增长的基督的存在，会突然显现出来，如同两极之间的闪电。它将打破所有遮蔽了各种物质的障碍和将它困住的滴水不漏的灵魂，侵入大地。上帝之子的引力如同闪电、猛火和洪水一样，席卷宇宙

1 Teilhard de Chardin(1881—1955)，法国古生物学家、哲学家、耶稣会神父，主张进化论，两次来中国进行地质考察(1923、1926—1946)，曾参加鉴定北京人头盖骨化石，著有《人的现象》、《华北旧石群的发现》等著作。——译注

> 万物，将它们重新统一和归属于一身……正如福音书中警告我们的，揣测这一势不可挡的事件何时以何种方式发生，是徒劳的。但是，我们必须做好准备……这可能就是至高的基督功能，也是我们宗教最显著的特点……只有我们的热烈企盼，才能使耶稣基督早日到来……我们基督徒作为以色列人的后人，肩负着让希望之火在世界上永远燃烧的责任。耶稣升天不过20个世纪，我们的期待取得了什么结果呢？
>
> 幼稚的急躁和认识上的失误，使第一代基督徒认为基督很快就会归来，结果令我们产生了失望和怀疑。我们对上帝的信仰由于世界对善行的抵制而被破坏。悲观情绪使我们……认为这个世界邪恶得无可救药。于是，我们让火焰在沉寂的心中逐渐熄灭了……实际上，如果我们真诚的话，我们就必须承认，我们已经没有任何企盼了。[1]

因此，我可以对贝尔法斯特的优秀人民说，什么都不是徒劳。他们的行为促进了和解。我们每一个人都可以延迟或促进、阻碍或推动处于宇宙中心的进程。基督徒会说结果是毫无疑问的。耶稣基督的死和复活使这一点无可置疑，即善良、欢笑、和平、同情、温存、宽容与和解，将取得最后的胜利。对种族隔离的胜利，就是这个乌托邦式梦想的有力证明。

> 愿这样的时刻早日到来，男人（和女人）被唤醒，觉悟到在包容一切的创造上帝之子的作业中，世界的一切运动紧密

---

1　转引自玛丽·麦卡利斯《不屈的人生——乱世之爱》，第99页。

> 相连。当他们投身于自己的任何一项任务中时，都将清楚地表明，他们的工作无论如何微不足道，都将被宇宙的中心接受并妥善利用。[1]

1989年圣诞节，我访问了圣地，并有幸参观了耶路撒冷的亚德瓦谢姆大屠杀博物馆。当媒体问及我的感受时，我说令人心碎。我说我侍奉的上帝自己也是犹太人，他会问："但是，宽容哪里去了？"这句话如同水溅进了油锅。我遭到一致谴责。我也对巴勒斯坦人受到的待遇表示了不满，我认为这种状况与犹太先知的教导以及我们基督徒追随的犹太拉比的要求，相去甚远。我被指责为反犹太主义，在我下榻处附近的耶路撒冷圣乔治圣公会大教堂墙上出现了乱涂的标语，上面写着："图图是黑皮肤的纳粹猪。"

因此，1999年1月旧地重游时我有些忐忑不安。我将访问西岸，在一个圣公会教堂布道，并参加佩雷斯和平中心的会议，我是中心的理事会成员。但我的担心是多余的。耶路撒冷的会议组织者不得不谢绝人们的到来。我们所到之处，都显示出南非发生的一切使这里的人们着了迷。前总理、外交部长和诺贝尔和平奖获得者西蒙·佩雷斯称赞我们的和解进程为历史上绝无仅有。

在挤得水泄不通的耶路撒冷会议上，以色列人对真相与和解委员会的进程及宽恕与和解的概念产生了浓厚的兴趣。我指出，我们在南非认识到，枪杆子打不出真正的安全。只有当为众人敬仰的中东的所有居民都认为其人权和尊严得到尊重与维护，真正实现了正义的时候，真正的安全才会到来。我没有改变自己的观点：我仍然

1 德日进，同上，玛丽·麦卡利斯引述。

认为有宽容的必要，必须既保证以色列国的安全，也保证对巴勒斯坦人的正义和公平。在以色列，人们已经对我另眼相看。

显然，在诸如卢旺达、爱尔兰、以色列和巴勒斯坦这样的国家和地区，南非所经历的进程，证明了他们的国土上所缺乏的东西的价值。人们听到了逆耳的话，但不会指责我无情无理。更重要的是，似乎听到我的话的人，都从南非的经验中看到了希望。我们幸运地得到了敢于冒险的领袖人物的祝福——当请求得到或给予宽恕时，就是在冒险。

如果你请求得到一个人的宽恕，你可能遭到回绝；你曾伤害的人可能拒绝原谅你。如果你是受伤害的一方，希望给予宽恕，那么冒的险就更大。罪犯可能傲慢而冷酷或毫不觉悟，不会或不愿道歉或请求宽恕。因而他或她无法接受别人给予的宽恕。这种拒绝可能破坏整个过程。我们南非的领导人可以说他们甘冒一切危险，走完坦白、宽恕与和解的路。他们似乎赌赢了，因为我们的国土没有遭受似乎不可避免的灾难。

关键是，当某种关系受到损害或可能崩溃时，罪犯应该承认真相，准备并愿意道歉。这大大有助于宽恕与和解的进程。这并非易事。我们都知道承认错误对我们大部分人来说是多么艰难的事情。这也许是世界上最难的事——在几乎每一种语言中，最难启齿的都是“我很抱歉”。因而，那些被指责犯下滔天罪行的人以及他们为之服务的群体，总是找出各种借口为自己开脱，甚至不承认自己能干出种种暴行，这也没什么奇怪的。他们采取否认策略，声言某某事根本没发生过。当证据确凿时，他们便装傻充愣。德国人说他们根本不知道纳粹想干些什么。南非白人也用了同样的遁词。前种族隔离政府内阁部长雷昂 · 维塞尔斯的话更近情理，他说尽管有人提醒过我们，但我们不想知道。长着眼睛的人都可以看到关于犯人在狱中神秘死亡的报道。长着耳朵的人也会经常听闻令人不安甚至胆寒的事情。但是，他们对邪恶却选择了不看、不听、不说。即使坦白的人也会推诿罪责——“我们不过是执行命令”，拒绝以负有道义责任的个体来承认罪责。但每个人都必须为执行有昧良心的命令而承担责任。

没有人愿意暴露自己脆弱或罪恶的一面。但是，如果要进行宽恕与复原的进程并取得成功，罪犯的认罪是必不可少的。承认真相，承认错待了他人，是触及犯罪根源的重要条件。如果夫妻吵架，过失的一方不坦白承认错误，弄清分歧的根源，丈夫照旧献花，两人装作一切正常，那么他们很可能埋下大祸。他们没有充分解决既往的问题，掩饰分歧，不能直面真相，唯恐发生伤人的冲突。他们的行为正是先知耶利米所说的稍事疗伤后便大叫“平安了！平安了！”[1]。他们只是掩盖了裂痕，却没有搞清为什么出现了裂痕。结果只能是，尽管鲜花依旧，伤害却在滋长。终有一天危机会爆发，他们会意识到他们取得的和解是多么草率。真正的和解不能草率。上帝为此付出的代价是他唯一的儿子的生命。

宽恕与和解不是假装事情并非其本来面目，不是相互拍肩搭背，对错误视而不见。真正的和解会揭示出恶行、欺侮、痛苦、堕落和真相。有时它甚至让情况恶化。真正的和解是冒险，但终究是值得的，因为处理真相最终会真正抚平创伤。虚假的和解只能带来虚假的复原。

如果犯错的人认识到其错误，那么他应该感到悔恨，或至少为

1 《耶利米书》，6：14，8：11。

其错误感到后悔或歉疚。这应促使他坦白错误，请求宽恕。这当然需要相当的谦卑，特别是当受害者被罪犯自身的群体所蔑视的时候。南非的情况就经常如此，罪犯往往是政府的特工。

我们希望，受害者能为罪犯的道歉所感动，对罪犯给予宽恕。如前所述，我们在真相与和解委员会常常对受害者表现出的宽宏大量赞叹不已。当然有人不愿意宽恕。我认为，这充分表明宽恕不是理所应当的，宽恕既不能草率也不易获得。这就是可能出现的情况，而我们遇到的大多数情况都是那么感人至深，令人自愧不如。

在宽恕时，我们没有要求人们忘却。相反，铭记过去是重要的，只有这样才能避免暴行的重演。宽恕不等于纵容已犯下的错误，而是意味着认真对待既往，拔除威胁我们生存的毒刺，而不是大事化小、小事化了。宽恕要求我们理解罪犯，设身处地体谅迫使他们犯罪的种种压力和影响。

宽恕不是多愁善感。对宽恕的研究日益兴旺。过去它被轻蔑地归为精神和宗教概念，而今由于南非真相与和解委员会的出现，宽恕越来越作为一门学科，成为心理学家、哲学家、医生和神学家的研究对象。在美国，威斯康星大学附设了国际宽恕研究所；约翰·邓普顿基金会与其他机构联合开展了耗资数百万美元的宽恕运动研究。据研究，宽恕还有益健康。

宽恕意味着受害者放弃向罪犯讨还血债的权利，但这同时也解放了受害者。在委员会，我们听到人们说宽恕后感到轻松了。最近一期的《精神状态与健康》（*Spirituality and Health*）杂志在封面上刊载了三位美国前军人站在华盛顿越战纪念碑前的照片。其中一个问：“你是否已经原谅把你当战犯关押的人了？”另一个人说：“我永远不会原谅。”他的伙伴说：“那么他们似乎还在关押着你，是不是？”

罪犯的悔过和坦白是不是受害者宽恕的先决条件呢？毫无疑问，这样的坦白有助于那些想要宽恕的人，但这并非必不可少的条件。基督并没有等待那些将他钉在十字架上的人请求宽恕。但他们将钉子锤进他的身体时，他已经在请求上帝宽恕他们，甚至找借口为他们开脱。如果受害者只有在罪犯坦白后方肯宽恕，那么无论他愿意与否，他都会受制于罪犯，钻进受害者身份的枷锁。这显然是不公平的。

我曾用下述比喻阐述罪犯坦白的必要性。想象一下你被关在一个潮湿、憋闷而黑暗的房间里，窗户、窗帘紧闭，外面阳光灿烂，清风拂面。如果你想让阳光和新鲜空气进入，就必须打开窗户和窗帘，这样原本就有的阳光将照亮你的房间，清新的空气将扫除周围的潮闷。宽恕也是一样。受害者可能愿意宽恕，送出这份厚礼，能不能接受礼物取决于罪犯——取决于他能不能打开窗户和窗帘。他承认自己的错误，就可以开启窗户和窗帘，让宽恕的阳光和空气进入他自己。

实际上，宽恕的行为等于我们宣布：我们对未来的关系充满信心，对犯错误的人改过自新、不再重蹈覆辙，充满信心。我们说，现在有了重新开始的机会。这个行为表示的是对罪犯可以改变的信心。据基督说，我们应该准备不止一次甚至七次这样做，要七十个七次[1]——无止境地去做，只要你的兄弟姐妹愿意为他们的错误一次次向你坦白。

这是一个挑战，但人无完人，我们总是会因为自己的错误伤害他人，特别是我们所爱的人。因此，我们永远需要一个宽恕与和解

1 《马太福音》，18：22。

的过程，来处理令人遗憾但又是不可避免的关系问题。这是人类生存无法逃避的特征。

罪犯坦白和受害者宽恕，并不意味着整个进程的结束。罪行常常给受害者造成了有形的、物质上的伤害。种族隔离为白人提供了巨大的特权和利益，而其受害者则备受压迫和剥削。如果有人偷了我的钢笔，然后请求我宽恕他，那么他必须退还我的笔，否则其悔过和坦白等于零。只要条件允许，坦白、宽恕和赔偿应该是一个整体的组成部分。

在南非，和解过程受到巨大贫富差距的严重阻碍，富人大部分是白人，而穷人则大多为黑人。种族主义和种族隔离造成的贫富鸿沟，给和解与国家的稳定造成了最为严重的威胁。罪犯和种族隔离的受益者大多属于富人，而大部分受害者则来自穷人阶层。这就是为什么我敦促白人要保证黑人境况的改善，因为如果不能用住房替代黑人居住的棚窝，如果黑人不能够得到白人早已享受的洁净水、电力、廉价的医疗、像样的教育、良好的工作和安全的环境，我们就可以同和解告别了。

和解可能是个旷日持久的过程，其中不乏崎岖坎坷，不是一朝一夕或靠一个委员会——无论效率多么高——就能完成的。真相与和解委员会只是作出了贡献。和解必须是每个南非人的事。它必须是整个民族的事业，每个人都应努力做出自己的贡献——学习他人的语言和文化；准备和乐于补救过去的错误；拒绝成见，拒绝用种族或其他笑话讥讽某一群体；促进尊重人权的文化，加强宽容，对不宽容毫不宽容；建设更具包容性的社会，使大部分人甚至每个人都有归属感，感到自己是局内人，不是被挤到社会边缘的局外人或陌路人。

为和解而努力，就是要实现上帝为人类提供的梦想，即让我们都懂得我们同属一个大家庭，同在一个相互依存的微妙网络中。

西蒙·魏森达尔在题为《向日葵》的文集中，讲述了他如何无法宽恕一个请求宽恕的纳粹士兵。这个士兵和一群人包围了几个犹太人，把他们关进楼里，然后纵火烧死了里面的人。现在，那个士兵行将就木，他希望供出同谋，得到一个犹太人的宽恕，以此解除良心上的不安。西蒙默默地听完了他讲述的可怕经历。士兵讲完后，西蒙一声不吭地走了出去，当然也没有一句宽恕的话。文章结束时，他问："你会怎么做？"

《向日葵》汇集了不同的人对其问题的回答。新增的一版[1]中包括了我的文章。魏森达尔面对的困境是非常现实的。他的观点也是许多犹太人的观点，即生者没有权利代表被杀害、被折磨而现在无法为自己决策的死者表示宽恕。他们的不情愿可以理解。如果他们宽恕了，似乎他们认为受害者的遭遇不足挂齿；而且代表那些深受苦难的人们讲话，特别是当你没有遭受过同样深重的苦难的时候，就显得过于臆断了。

1990年底，南非各教会齐聚勒斯滕堡，召开我国宗教界人数最多、代表性最强的会议。本次会议被称为勒斯滕堡大会。与会的既有强烈反对种族隔离的南非教会理事会会员，也有以其神学理论支持种族隔离（现在已经在很大程度上放弃这一立场）的主要白人教会——荷兰新教教会。当然还有那些为数众多的信奉圣灵降临的教会。他们试图不问政治，但他们肯定意识到了自己臆想的中立实际

---

1 《向日葵：宽恕的可能和局限》（*The Sunflower : On the Possibilities and Limits of Forgiveness*），西蒙·魏森达尔著，邵肯图书出版社，1998年。

上支持了不公正的现状。此外，还有海外教会合作伙伴的代表以及持不同政治立场的所谓非洲独立教会的代表。

会议开始不久，荷兰新教教会的著名神学家威利·扬克尔就代表阿非利卡人，特别是荷兰新教教会的教民，请求黑人基督徒的宽恕。我们不清楚他是不是该教派的指定发言人，但后来其代表团表示支持他的讲话，因此可以把他视为其教派的代表。我们完全可以问他是否也代表了前几代教民。如果不认为过去和现在紧密相连，教派先一辈的教民既应共担罪责和耻辱，也应共享宽恕和荣耀的话，这个教派就显得异常怪异了。教会是一个有机体，否则历史便毫无意义，我们只关注同时代的人足矣，然而显然这不是人类的行为方式。我们褒扬先人的成就，尽管他们属于遥远的过去，我们仍为他们感到自豪。他们的影响力与当初取得成就之时相比毫不逊色，甚至可能增强了。失败和耻辱也是同样的道理。无论我们情愿与否，这些都是我们之所以为我们的一部分。我们讲话的时候，深知包围着我们的是众多的见证人。任何人都不会怀疑，扬克尔教授的忏悔如果没有遭到他所应代表的人们的反驳，就应被视为代表了生者和死者，代表了现在的人和既往的人。

我和当时非洲教会理事会的秘书长弗兰克·契卡尼进行了磋商，我们认为，如此诚挚的请求和忏悔，不能被视为仅仅是文字游戏。从神学上讲，我们知道上帝和救世主的福音教诲我们，当别人请求宽恕的时候，应该给予宽恕。我们现在又处在国家历史的重要时刻。同一年的早些时候，曼德拉出狱，国内出现了通过谈判解决问题，以促进从压迫到民主微妙过渡的真诚努力。如果作为强大和解力量的教会不能实现彼此的和解，那么很可能给政治家和教民传达错误的信息。如果教会尽管背负历史的负担，但仍能够敞开胸怀公开宽恕与和解，就会助和平过渡一臂之力。于是，我站起身，说我们接受这感人和真诚的宽恕请求。

当然，我的行为可以被理解为过于自作主张。谁给我权利让我自称代表几百万同时代的种族隔离受害者？更不要说几百万已经不在人世的受害者了。DRC 把种族隔离带进了教会，为在种族隔离下被划分的黑人、印度裔人和“有色人”，分别建立了教会。与会的一些黑人代表，特别是来自起初被叫做 DRC 的“女儿”教会后被称为“姊妹”教会的人，对我颇为愤怒，觉得白人教会逃脱了实际或象征意义上的谋杀罪责。他们对忏悔的诚意提出质疑，因为 DRC 仍拖拖拉拉不愿与黑人教会合并。让他们感到恼怒的另一件事是，尽管 DRC 中的其他教会都接受了“贝尔哈忏悔”，白人教派仍在进行阻挠。这一忏悔将种族隔离斥为异端。尽管我被要求说明我的立场，而我也非常情愿地进行了解释，我并未遭到驳斥，勒斯滕堡大会也可能的确促进了和平过渡的事业。

我觉得有些难以理解的是，犹太人何以能够接受欧洲各国政府和机构为作为大屠杀的同谋而付出的巨额赔偿。如果我们接受我们不能代表曾历经苦难或已经故去的人而给予宽恕这一观点的话，那么从逻辑上讲，没有直接受到赔偿所涉行为伤害的人，也不能代表他人接受赔偿。他们的立场也意味着罪犯来自的群体和受害者来自的群体要恢复正常和睦的关系，还存在巨大障碍。无论犯罪的一方如何赔偿，无论他们希望采取什么新的更好的态度，他们都摆脱不了脖子上吊着的曾是罪犯的枷锁。这是一个让新的关系变得脆弱和不稳定的定时炸弹。

我希望犹太人的哲学家、神学家和思想家能够重新讨论这个问题，看看为了我们这个世界，是否可以得出一个不同的结论。他们对世界道义的影响非常宝贵，不应受到其现有立场的破坏。我完全可以想象，如果非洲人说欧洲人无论如何也无法补偿肮脏的奴隶贸易的罪孽，今天的非洲人永远不愿宽恕欧洲人在奴隶制上的罪责，将会出现怎样的情景。奴隶贸易至少造成4000万人丧生，更不要说家庭被毁、妇女遭欺侮以及多少上帝的子民遭受的蹂躏。

如果我们要继续前进，建立一个崭新的世界，就必须找到一种方式，有效了解肮脏的过去。我可以想到的最有效方式，就是罪犯或其后代承认已经发生过的残酷事件，受害者的后代以宽恕作为回应，同时应采取措施对影响依在的惨案受害者进行哪怕是象征性的补偿。或许，美国的种族关系要改善，就必须给美洲土著人或黑人一个机会，倾诉他们被劫掠、被奴役的苦难。我们在真相与和解委员会看到了倾诉的复原功效。

如果当代人不能合法地代表作古的人们，我们就不能对南非早在1948年实行种族隔离之前就存在的种族主义历史的罪孽予以宽恕。我们这块土地的复原就会遭到挫败，因为永远会有暴行被揭露出来，破坏我们既得的成就；或是总有人会说："这样做可以解决当前的问题，但终究这是无效的，因为它不能卸下历史的包袱。"

真正的宽恕要了结过去，了结全部的过去，使未来成为可能。我们不能以无法再代表自己说话的人们的名义，冤冤相报。我们必须承认，我们现在所做的是为古人，为现在，也为将来。不论怎样，这才是群体成其为群体、人民成其为人民的东西。

我曾经深切地希望，在北爱尔兰和中东这种地方致力于解决那些似乎无可救药的问题的人们，不要小看了一些细枝末节，其意义和重要性可能远远超出了表象。令我沮丧的是，我听说那些与北爱尔兰和平进程紧密相关的人物拒绝在公共场合握手，有些人甚至竭力避免与对方、与现在的敌人拍进同一张照片。在约旦国王侯赛因的葬礼上，以色列总统魏茨曼有勇气和巴勒斯坦一个激进组织的领导人握手，的确是不凡之举。这一举动使敌人具有了人情味，而不是将其视为魔鬼。一次小小的握手，可以让不可思议、遥不可及的事情——和平、友谊、和睦与宽容——不再遥远。

我也希望现今世界的敌对方，能用更加缓和的语言形容其对手。今日的“恐怖分子”很可能是明天的总统。南非的情况就是如此。大部分被打成“恐怖分子”的人，现在都成了我们的内阁部长或担任了国民议会中的要职。如果今日与我们有分歧的人可能明天成为我们的同仁，我们还是现在就开始使用变革到来时不至于让我们尴尬的语言对待他们为好。

我们还必须记住，谈判、和平对话、宽恕与和解往往不是在朋友或类似的人中间进行。之所以需要这一切，恰恰因为人们是死对头，视彼此为仇敌。但敌人是潜在的盟友、朋友、同事及合作伙伴。这不是什么乌托邦式的理想主义。第一次民主选举出的南非政府，是一个由曾经相互殊死斗争的政党组成的民族团结政府，其领袖是一个被当做危险的恐怖主义分子而身陷囹圄 27 载的人。

如果世界上的冲突各方开始作出象征性的和平姿态，改变他们对敌人使用的语言，开始和他们对话，那么他们的行为也可能改变。例如，在得到承认的巴勒斯坦领土上继续建造犹太人定居点，引起巴勒斯坦人的抵触和敌对，让他们感到被蔑视和侮辱，这对中东未来的各种关系又有什么好处呢？对那些注定要成为邻居的孩子来说，这又能给他们留下些什么呢？阿拉伯国家完全不切实际地认为他们可以摧毁以色列时，我也问过同样的问题。在我们进入新世界之时，如果真正的和平能够降临这块和平之主的土地、人们说

*Salama* 或 *Shalom*[1] 的土地，那该是献给世界的何等美好的礼物啊！

和平是可能的，特别是如果今天的敌人能够想象彼此化敌为友，并开始行动，使这种友谊成为现实。如果他们谈判时能够照顾到对方的需要，就太好了。愿意作出让步，是力量而不是懦弱的表现。有时值得输掉一场战役，去赢得一场战争。那些为和平与繁荣而谈判的人们，正在努力实现这一辉煌而无价的目标，因此应该不难找到让所有人成为赢家而不是争斗不休的办法。谈判者应该保证谁都能保全面子，谁都不会空手而归、对自己所代表的民众无法交代。我们多么希望谈判者能够避免规定底线、放弃过多的前提条件。在谈判中，我们就像宽恕进程一样，希望提供重新开始的一切机会。顽固不化只能让日子更难过，而表现出灵活性、愿意作出有原则的让步的人将成为最后的胜者。

我曾说过我们的委员会并不完美。尽管如此，我还是要以我的全部热情坚定地说，在一个不完美的世界里，这是我们能够找到的、处理实现民主后我们所面临的状况的最佳途径。尽管存在各种瑕疵，我们在南非进行的努力还是引起了全世界的关注。这个疲惫、失望和嫉愤的世界，在频繁而深重的痛苦之中，为看到这个在失望中带来希望的进程而无比振奋。在我访问所到之处，在我讲述真相与和解委员会的地方，人们都把这一不甚完美的努力看作希望的灯塔，看作解决长期暴力、冲突、动荡及派系斗争，以及不仅在各国之间而且更经常是在一个国家内部发生的冲突的模式。冲突结束后，北爱尔兰、巴尔干、中东、斯里兰卡、缅甸、阿富汗、安哥拉、苏丹、两个刚果以及其他地方的交战各方，必须坐在一起，决定经

1 阿拉伯语和希伯来语，即“和平”。——译注

过了流血的过去后，他们如何和睦相处，如何共同创造没有冲突的未来。从我们南非的努力中，他们看到的不仅仅是一线希望。

上帝的确不乏幽默感。除了作为可怕制度的典范，除了用它告诫人们不要如此治理国家和种族关系，明理的人谁能想象南非会是什么其他典范呢？我们南非人是最没有希望的，这也正是为什么上帝选中了我们。我们不能为自己的成就居功。我们本来注定要遭到毁灭，却被从大毁灭中救了出来。如果存在不可救药的一群，则非我们莫属。上帝希望他人看到我们时能够汲取勇气。上帝希望我们成为希望的灯塔、可行的模式。他希望能指着我们说："看看南非！他们曾经历了叫做种族隔离的噩梦。现在结束了。他们的问题曾被视为无可救药，现在他们正在解决。任何地方的任何问题都不能被认为是无可救药的了。你们也有希望。"

我们的实验会成功，因为上帝希望我们成功。这不是为了我们的荣耀和强大，而是为了上帝的世界。上帝想要表明，冲突和压迫之后生命依旧；有了宽恕，就有了未来。

# 致　谢

我要感谢上帝，感谢真相与和解委员会的委员、专门委员会成员及工作人员，感谢他们为我们国家的和解做出的令人难以置信的努力。

本书是我在埃默里大学坎德勒神学院访问讲学期间完成的。凯文·拉戈里院长及其同事为我提供了一个躲避近年来繁杂事务的场所，让我可以静思写作。我的私人助手拉维利亚·布朗识别了我的笔迹，誊清了手稿。纽约的卡内基公司慷慨资助坎德勒神学院，将约翰·艾伦从南非请来担任我的研究助理，他为手稿的整理、润色做出了宝贵贡献。真相与和解委员会广播报道组根据南非广播公司出版的真相与和解进程光盘整理的文稿，使我们能够迅速查找关键的证据。我对此深表感谢。

没有下述人士的帮助，本书也很难完成，其中包括我的文学代理琳·富兰克林及其在伦敦的同事玛丽·克莱美；双日出版社（Doubleday）的特雷西·墨菲和埃里·马捷尔；莱德／兰登书屋的朱蒂斯·肯德拉；以及坎德勒神学院的杰克林·史密斯和桑德拉·布赖恩。

没有我的夫人丽雅，我恐怕难以完成真相与和解委员会的重任。我深深地感谢她在委员会的听证及其他工作中，给予我的爱和支持。

后　记

# 吸尘器与洗碗机

贞女圣玛丽教派的玛格丽特·玛格达兰修女，是住在南非的一个圣公会修女。她用生动形象的语言，讲述了耶稣是如何处理在其教区遭到的痛苦和愤怒的。她用吸尘器和洗碗机作比喻。吸尘器吸入所有的尘埃并保留在袋中，而洗碗机则在洗净脏盘子后，立即将污秽排泄进了下水道。她认为耶稣的行为更像洗碗机而不是吸尘器。他吸收了遭遇的一切，然后又把一切转移给了圣父。

在委员会着手工作前夕，工作人员中的精神卫生专家向我们讲解了如何应对即将开始的艰巨任务。他们建议我们每个人找一个精神伙伴或类似的朋友或心理咨询员，以便向他们倾诉，卸下精神负担。他们还敦促我们保持有规律的生活，否则我们将吃惊地看到，自己会因为体验到委员会作证的人的痛苦与愤怒而患上创伤后压力心理障碍症，而且很容易精神崩溃、极度沮丧。他们强调，我们应该和配偶及家人共度快乐时光，保证休息，经常运动，并在可能的情况下，坚持宗教仪式。我们自认为已经为伤人的工作做好了准备。

尽管如此，我们还是被所见所闻震惊了，常常支撑不住或几近崩溃。我尽量遵守精神卫生人员的忠告，但我们可能永远无法弄清这一经历对我们产生了多深的影响、给我们及家人造成了多大的损害。有一个委员的婚姻破裂了。（可喜的是，她在委员会重新找到了爱。她和爱人——前违反人权案专门委员会成员——已经喜得男孩，所以并不全是负面的影响。）许多委员说睡眠不安，有些人担心自己脾气变坏了，更容易和配偶吵架，而且饮酒过量。对委员会进行报道的记者也受到了影响。有些人精神崩溃了，有的比过去更容易哭泣。

我们的口译人员更是难熬，因为他们必须以第一人称说话，一会儿是受害者，一会儿又成了罪犯。“他们剥光我的衣服。他们打开一个抽屉，然后把我的乳房放进去，反复挤压我的乳头，直到挤出了白色的液体。”“我们绑架了他，把掺了毒药的咖啡给他喝，然后对着他的头把他毙了。然后我们开始焚尸。焚尸过程中，我们在一边吃烧烤。”如此这般地转换身份，的确难熬。即使远离听证会场的人也会被证人的经历深深打动。一天，我们打印部的负责人告诉我，她打出听证文稿时，在感到滴到胳膊上的泪水时，才发现自己在不知不觉地哭泣。

1997 年 1 月在委员会的会议上，我得知自己患了前列腺癌。也许无论我做什么都会患这种病，但这也似乎表明我们做的事的确代价沉重。宽恕与和解不是轻而易举就能成就的事。我自身的疾患似乎生动地证明了，让创伤深重的人民康复，其代价是何等沉重，担此重任的人们自己就是代价的一部分。或许我们更像吸尘器而不是洗碗机，我们把所见所闻的痛苦和创伤，过多地吸入了自己体内。

人们说，癌症让我放松了下来，因为我更明晰地认识到真的没有胡闹的时间了。有时我以自己的病为借口差遣我的同事。他们有点固执己见时，我便貌似认真地说："哦，对我好一点。别忘了我是个病恹恹的老头子。"有时这一招的确可以缓解紧张。

身患危及生命的恶疾，使我有了新的态度和视角。它让生命重新现出炽烈，我意识到有那么多事我认为理所当然——夫人丽雅的爱和奉献，孙子们的活泼和欢笑，日落的壮丽，同事们的奉献，沾满露滴的玫瑰之美。疾患没有让我恐惧，反而使我更加珍视我可能无法再看到和体验的一切。它让我接受了自己的死亡，并深深感激在我一生中发生的美好的事情，特别是最近发生的一切。能够亲眼看到自由来临，亲自参与真相与和解委员会，这是对我投身反种族隔离斗争多么精彩的肯定啊！

是的，参与使我们的民族复原的工作，是我的极大荣幸。但对委员会的人来说，这一荣幸代价沉重。我意识到，也许，我们只有像亨利·努文的名言所说的那样成为"受伤的疗伤人"，我们才能做出成效。

# [ 译名对照表 ]

A

阿布巴卡 · 阿斯瓦特 Abubaker Asvat
阿布巴克 · 伊斯迈尔 Aboobaker Ismail
阿德里安 · 弗洛克 Adriaan Vlok
奥比 · 萨克斯 Albie Sachs
阿尔夫 · 乌斯图赞 Alf Oosthuizen
阿尔蒙德 · 诺夫梅拉 Almond Nofomela
阿丰索 · 德拉卡马 Afonso Dhlakama
阿兰 · 博萨克 Allan Boesak
阿利埃尔 · 多夫曼 Ariel Dorfman
阿利斯特 · 斯帕克斯 Allister Sparks
阿曼泽姆多蒂 Amanzimtoti
阿奇 · 弗莱明顿 Archie Flemington
阿扎尔 · 卡查利亚 Azhar Cachalia
阿扎尼亚人民组织 Azanian People's Organization（AZAPO）
埃里 · 马捷尔 Eric Major
埃里克斯 · 伯莱恩 Alex Boraine
艾琳 · 克鲁斯 Irene Crouse
艾伦 · 赛德曼 Ellen Saideman
艾米 · 比埃勒 Amy Biehl
艾维 · 格琴纳 Ivy Gcina
安德烈 · 伊梅尔曼 André Immelman
安德鲁 · 马库贝 Andrew Makupe
安德鲁 · 威尔逊 Andrew Wilson
安德鲁 · 扬 Andrew Young
安迪 · 泰勒 Andy Taylor
安哥拉人民解放运动 MPLA
安吉 · 卡佩里阿妮丝 Angie Kapelianis
安娜玛丽 Anne-Marie
奥利弗 · 坦博 Oliver Tambo
奥奇 · 鲁本海默 Ockie Raubenheimer
奥斯卡 · 姆佩塔 Oscar Mpetha
奥乌帕 · 格阔佐 Oupa Gqozo

B

巴巴尔瓦 · 姆拉乌利 Babalwa Mhlauni
"巴里" · 巴纳德 "Barrie" Barnard
巴斯德 · 比齐蒙古 Pasteur Bizimungu
班图教育 Bantu Education
班图人 Bantu
班图斯坦 Bantustan
邦特赫维尔 Bonteheuwel
保罗 · 范 · 弗任 Paul van Vuuren
保罗 · 维尼 Paul Verryn
贝尔哈忏悔 Belhar Confession
贝弗利山 Beverley Hills
贝纳特 · 斯巴亚 Bennet Sibaya
贝叶尔 · 纳武德 Beyers Naudé
蓓丝 · 萨维芝 Beth Savage
本雅明 · 内塔尼亚胡 Benjamin Netanyahu
比尔 · 莫叶斯 Bill Moyers
比勒陀利亚 Pretoria
比绍 Bisho
比斯拉尔 Beeslaar
彼得 · 斯多利 Peter Storey
彼得马里茨堡 Pietermaritzburg
宾波 · 马迪凯拉 Bimbo Madikela
波波 · 莫雷夫 Popo Molefe
伯格尼 · 芬卡 Bogani Finca
博普塔茨瓦纳 Bophuthatswana
博塔 P. W. Botha

凯文・拉戈里 Kevin LaGree
科拉多克四人帮 Cradock Four
科尼留斯 Cornelius
科萨・姆格佑 Khoza Mgojo
科特索大厦 Khotso House
科依人 Khoikhoi people
克里斯・德杰格 Chris de Jager
克里斯・哈尼 Chris Hani
克里斯蒂安・罗利奇 Christian Rorich
克鲁格思道谱 Krugersdorp
克瓦恩德贝利九人团 KwaNdebele Nine
肯尼斯・克加塞 Kenneth Kgase
肯雅塔总统 President Jomo Kenyatta
夸祖鲁—纳塔尔 KwaZulu/Natal

L
拉维利亚・布朗 Lavinia Browne
莱索托 Lesotho
勒斯滕堡 Rustenburg
雷昂・维塞尔斯 Leon Wessels
里夏德・冯・魏茨泽克 Richard von Weizsäcker
理查德・戈德斯顿 Richard Goldstone
理查德・莱斯特 Richard Lyster
立特里特 Retreat
丽雅 Leah
联合民主阵线 United Democratic Front（UDF）
林伍德 Lynnwood
琳・富兰克林 Lynn Franklin
零零行动 Operation Zero Zero
卢卡斯・斯克维培里 Lucas Sikwepere
鲁罗 Lolo
罗本岛 Robben Island
罗伯特・麦克布莱德 Robert McBride
罗尼・卡斯理尔斯 Ronnie Kasrils

M
马尔文・弗兰克尔 Marvin Frankel
马格纽斯・马兰 Magnus Malan
马科斯总统 President Ferdinand Marcos
马里奥斯・奥埃尔齐格 Marius Oelschig
马鲁斯・马普尔瓦纳 Malusi Mpumlwana
马梅洛地 Mamelodi
马佩特拉 Mapetla
马普勒・拉马沙拉 Mapule Ramashala
马塞卢 Maseru
马修・格尼维 Matthew Goniwe
玛格丽特・玛格达兰 Margaret Magdalen
玛古酒吧 Magoo's Bar
玛姬・斯克萨娜 Maki Skhosana
玛丽・伯顿 Mary Burton
玛丽・克莱美 Mary Clemmey
玛丽・麦卡利斯 Mary McAleese
玛丽亚塔・杰埃格 Marietta Jaeger
毛毛 Mau Mau
梅费尔 Mayfair
蒙谢韦尔 Munsieville
米洛舍维奇总统 President Milosevic
民族团结与和解法案 Promotion of National Unity and Reconciliation Act
民族之矛 Umkhonto weSizwe（MK）
墨菲・莫罗贝 Murphy Morobe
姆彼罗 Mpilo
姆丹查尼 Mdantsane
姆克斯 Mkosi
姆普马兰加 Mpumalanga

N
内维尔・克拉伦斯 Neville Clarence
纳克迪恩 Narkedien
南非国防部队 South African Defence Force（SADF）
南非学生大会 Congress of South African Students（COSAS）
尼克德姆斯・索诺 Nicodemus Sono
尼亚米・格尼维 Nyami Goniwe
努乔马 Sam Nujoma
诺布依塞罗・姆拉乌利 Nombuyiselo Mhlauni
诺雷・莫哈比 Nohle Mohapi

诺蒙迪·卡拉塔 Nomonde Calata

P
帕埃斯·兰嘉 Pius Langa
帕尔 Paarl
帕特里克·“恐怖”·雷克塔 Patrick“Terror”Lekota
培伯克三人组 Pebco Three
皮埃特·莫格埃 Piet Mogoai
皮诺切特将军 General Augusto Pinochet
普尔斯莫 Pullsmoor
普莱斯拉·莫索郁 Priscilla Mosoeu

Q
恰恰乌里·戈多罗兹 Qaqawuli Godolozi
前线国家 frontline states
乔·马马塞拉 Joe Mamasela
乔·斯洛沃 Joe Slovo
乔伊斯·穆提姆库鲁 Joyce Mtimkulu
乔伊斯·赛伊佩伊 Joyce Seipei
乔治·比祖斯 George Bizos
乔治·桑塔亚纳 George Santayana

R
人口登记法 Population Registration Act
若阿金·希萨诺 Joaquim Chissano
若纳斯·萨文比 Jonas Savimbi

S
塞法鲁 Sefolo
桑德拉·布赖恩 Sandra Bryan
桑地诺解放运动 Sandinista liberation movement
沙尔克·范·伦斯伯格 Schalk van Rensburg
尚比龙·加勒拉 Champion Galela
社团区域法 Group Areas Act
圣灵降临节 Christian Pentecost
史蒂芬·奈都 Stephen Naidoo
史蒂夫·比科 Steve Biko
斯贝罗·穆孔托 Sparrow Mkhonto
斯波·哈舍 Sipho Hashe
斯丹察·伯帕佩 Stanza Bopape
斯登皮埃·赛伊佩伊 Stompie Seipei
斯皮维·穆提姆库鲁 Siphiwe Mtimkulu
斯威士兰 Swaziland
苏布西索·安德鲁·荣都 Sibusiso Andrew Zondo
索韦托 Soweto

T
塔博·姆贝基 Thabo Mbeki
泰尼·马雅 Tiny Maya
唐迪 Thandi
特雷西·墨菲 Trace Murphy
特蕾莎修女 Mother Teresa
特瓦族 Twa
图西族 Tutsi
土著合并法（城区）Natives（Urban Areas）Consolidation Act
托拉斯·费得农场 Trust Feed Farm

W
威利·扬克尔 Willie Jonker
威伦·斯库恩 Willem Schoon
维多利亚·姆先格 Vitoria Mxenge
维尔沃德 Verwoerd
维克多·维尔斯特监狱 Victor Verster prison
维伊希勒·布赖恩·马达斯 Vuyisile Brian Madasi
魏茨曼 Ezer Weizman
温迪·奥尔 Wendy Orr
温妮·马蒂奇泽拉—曼德拉 Winnie Madikizela-Mandela
沃尔特·西苏鲁 Walter Sisulu
沃斯特 B. J. Vorster
沃特班克 Witbank
乌班图精神 ubuntu
乌特·巴森 Wouter Basson

X
西奥兰多 Orlando West
西德尼·波蒂埃 Sidney Poitier

西蒙·佩雷斯 Shimon Peres
西蒙·魏森达尔 Simon Wiesenthal
西南非洲人民组织 SWAPO
西尼·穆法马蒂 Sydney Mufamadi
西塞罗·姆拉乌利 Sicelo Mhlauli
西斯凯伊 Ciskei
希茨维·孔迪勒 Sizwei Kondile
希西·坎佩培 Sisi Khampepe
谢里尔·拉马福萨 Cyril Ramaphosa
辛括瓦纳·马尔加斯 Singqokwana Malgas
辛普森 O. J. Simpson
薛利·古恩 Shirley Gunn

Y
雅各·厄克特 Jacques Hechter
雅思明·苏卡 Yasmin Sooka
亚伯拉罕·格罗贝拉 Abraham Grobbelaar
亚德瓦谢姆 Yad Vashem
扬·范·德霍芬 Jan van der Hoven
扬·范·里贝克 Jan van Riebeeck
扬·克埃兹 Jan Coetzee
伊斯梅尔·马霍麦德 Ismail Mahomed
以利沙 Elisha
因卡塔自由党 Inkatha Freedom Party（IFP）
尤金·德考克 Eugene de Kock
约翰·艾伦 John Allen
约翰·邓普顿基金会 John Templeton Foundation
约翰·范·德梅尔维 Johan van der Merwe
约翰·马丁·范·泽尔 Johan Martin van Zyl
约翰·史密特 Johan Smit

Z
扎哈拉·纳克迪恩 Zahrha Narkedien
真相与和解委员会 Truth and Reconciliation Commission
种族分类局 Race Classification Boards
朱蒂斯·肯德拉 Judith Kendra
自由宪章 Freedom Charter
祖拉·普林斯·玛巴拉 Zola Prince Mabala